GOLDMANN

Über den Autor

Friedrich Weinreb, 1910 in Limberg geboren, ist einer der letzten großen überlebenden Lehrer der jüdischen chassidischen Tradition. Obwohl seit 1965 mehr als 25 Bücher von ihm in deutscher Sprache erschienen sind, wird sein Werk erst jetzt von einem größeren Leserkreis entdeckt. In seiner Wahlheimat Holland ist Weinreb seit seiner Zeit im Widerstand gegen die Nazi-Okkupation ein prominenter Vertreter des Kulturlebens. Sein Buch »Kollaboration und Widerstand« gehört dort zu den Schlüsselwerken der Auseinandersetzung mit der Nazizeit. Über sein Leben wurde auch in einer ZDF-Produktion berichtet, dem Fernsehspielfilm: »Eigentlich hatte ich Angst. Ein Mann überlistet den Hitler-Terror.« Trotz seines umfangreichen, mystischen literarischen Werkes ist Weinreb Wissenschaftler geblieben. 1936 wurde er in den Niederlanden zum jüngsten Ordinarius für Volkswirtschaft und Statistik berufen. Nach dem Krieg lehrte Weinreb auch im Ausland, in Indonesien und in der Türkei, war beim Internationalen Arbeitsamt in Genf als Experte für Indien und bei der UNO, Ökonomischen Kommission für Europa, ebenfalls in Genf, tätig. Doch in seinen Vorträgen und vielen seiner Bücher nimmt er gegen den westlichen Intellektualismus Stellung und konfrontiert uns mit den Wahrheiten seines Welterlebens jenseits der empirischen Rationalität. Er entlarvt unseren Machtwahn und zeigt, daß wir weit davon entfernt sind, die Natur zu beherrschen, da wir nicht einmal gelernt haben, uns selbst zu beherrschen.

FRIEDRICH WEINREB

TRAUMLEBEN

Die Deutung des Traumes
aus der Offenbarung
des Alten Testaments

Band 3

Der Reichtum auf dem Weg –
Königstraum und Sklaventum

Goldmann Verlag

Made in Germany · 11/87 · 1. Auflage
Dieses Werk ist eine vom Autor zum Druck freigegebene schriftliche Ausarbeitung seiner in den Jahren 1973/1974 in Zürich gehaltenen Vorträge zum Thema »Leben als Traum und Wachsein« sowie seiner 1978/1979 in Basel gehaltenen Vorträge zum Thema »Traumdeutung«.
Die Textfassung und Redaktion besorgte Christian Schneider.
Lizenzausgabe mit freundlicher Genehmigung der Thauros Verlag GmbH, Weiler im Allgäu.

Umschlaggestaltung: Elisabeth Petersen
Druck: Presse-Druck Augsburg
Verlagsnummer: 12021
Lektorat: Michael Görden
Herstellung: Ludwig Weidenbeck
ISBN 3-442-12021-5

Vorwort des Herausgebers

Mit dem dritten Band des »Traumlebens« gewinnen auch seine Leser mehr und mehr an Kontur. Sie scheuen sich nicht, beim Lesen zu träumen und träumend zu lesen. Da sie sich von der Lektüre keine Rezepte erhoffen, fühlen sie sich wohl beim Lesen und müssen sich über falsche nicht ärgern. Sie bevorzugen nutzlose Bücher, wo doch alle Welt ihnen Ratgeber aufdrängen will. Und ungleich dem Prediger vertrauen sie hoffentlich darauf, daß dieses *Büchermachens kein Ende sei.*

Daran zu zweifeln, haben Autor, Herausgeber und Verleger — gegenwärtig jedenfalls — keine Ursache. Einige schweizer und deutsche Freunde haben sich — mit Dank sei's vermerkt! — bereitgefunden, die schwere und drückende Seite des Traumlebens mitzutragen und das Unternehmen zu erleichtern. So gelingt es doch irgendwie, den Traum vom Traumleben herüber ins Konkrete zu bringen, damit sich's von hier aus weiterträumen läßt.

Um die letzte Hürde zu nehmen, bedurfte es bei diesem Band noch der wirklich unermüdlichen Hilfe Udo Hildebrands, ohne dessen sorgfältige Bandabschriften das Buch rechtzeitig nicht hätte ausgeliefert werden können. Schließlich gilt mein Dank Dr. Gertraud Eibl, welche die Freundlichkeit hatte, das Korrekturenlesen zu übernehmen.

Buchberg am Kaiser
im Februar 1980 Christian Schneider

Inhalt

Neunzehntes Kapitel

Tiere im Traum · Beziehung und Unzucht · Der Funke · Das Namengeben · Die Welt des 6-ten, 7-ten und 8-ten Tages · Erst Spaltung ermöglicht Beziehung · Katze und Hund · Der Reichtum auf dem Weg

Schon im Anfang der Schöpfung, heißt es in der Überlieferung, ist der Mensch »im Bilde Gottes« da. Der Mensch ist aber auch das Ziel der ganzen Schöpfung; daher baut Gott mit dem Menschen den Weg, die Welt des Werdens. Schon im Anfang also hat Gott den Menschen sozusagen vor Augen. In den alten Mitteilungen heißt es, der Mensch liege im Anfang der Schöpfung noch am Boden und bleibe dort liegen, bis Gott das »Lasset uns einen Menschen machen« sagt; dann erst richte sich der Mensch auf.

Der Mensch, der noch liegt — es bedeutet: Er lebt in einer Phase der Welt, die die direkte Verbindung zum Himmel noch nicht hat. Es ist die Welt der Steine und Mineralien, der Gewässer und der Tiere. All das, sagt man, habe nur *eine* Dimension. Der Weg auf Erden ist ein horizontaler, die Richtung zum Himmel fehlt. Die Pflanzen stehen mit dem Kopf in der Erde. Bei ihnen zeigt sich der Weg des Lebens vom Himmel zur Erde.

Am 6-ten Tag der Schöpfung werden die Landtiere erschaffen, es ist Gottes 7-te Schöpfungstat. Mit der 8-ten Schöpfungstat am Ende des 6-ten Tages kommt der Mensch. Es wird gesagt, der Mensch lebe in der Dreiheit des 6-ten, 7-ten und 8-ten Tages; vollkommen da, ans Ziel gelangt, sei der Mensch am 8-ten Tag, der mit dem Erleben des Messias identisch ist. Dadurch erst kommt die vertikale Verbindung Himmel-Erde zustande. — Die Erschaffung des Menschen wird im Wesentlichen im Bild des Liegens und Sichaufrichtens ausgedrückt, und nicht als ein Kneten aus Lehm dargestellt.

Träume von Tieren sind Träume vom Menschen des 6-ten und 7-ten Tages. Die Tiere sind nicht außerhalb des Menschen, sondern gehören zu ihm wie Steine und Mineralien, Gewässer und Pflanzen. Der Mensch er-füllt die *ganze* Welt, nichts bleibt außerhalb. Daher heißt es auch, daß man niemals etwas in der Welt zum Ob-jekt (wörtlich: »Entgegenstehendes«, »Außerhalbstehendes«) machen dürfe, um es dann als solches zu betrachten, zu untersuchen und zu studieren. Das nämlich hieße, daß du eine Trennung machst zwischen dir und der Sache; damit aber zerstörst du die Einheit der Welt. Erwartet wird vom Menschen, daß er zu allem, was ihm begegnet oder womit er sich beschäftigt, wenigstens eine emotionale *Beziehung* hat. Das Wort »ziehen« drückt gerade die Verbindung, die zur Einheit strebt, aus, denn im Ziehen klingt das Gezogenwerden mit.

Ist das Verhältnis zu Dingen oder Menschen dagegen von irgendeiner Art des Nutzens bestimmt, das heißt, entzieht man es seinem eigenen Sinn, so spricht die Überlieferung von »Unzucht«. In der Beziehungslosigkeit zu Dingen oder Menschen, die entsteht, wenn man die Menschen und Dinge nur nach der Nützlichkeit beurteilt, verfehlt der Mensch den Sinn der Schöpfung; er denkt dann nur: ›Ich kann es brauchen‹, und benutzt es. Beim Bau von Häusern oder Straßen z. B. spielt die Beziehung auch eine wichtige Rolle. Sie läßt sich nicht planen oder einkalkulieren, aber in manchen Häusern oder Straßen teilt sie sich dem Empfinden sofort mit. Man spürt dann, daß hier etwas lebt, während man andere Bauten als tot empfindet. Es mag an der Dominanz von Nützlichkeitsdenken und Kostenbewußtsein liegen. Viele sogenannte Trabantenstädte wirken trotz aller spiegelnden Fassaden wie Trümmerfelder, leblos und unwohnlich.

Man könnte bei allem, womit man umgeht, die Beziehung spüren. Ein Buch z. B. besteht nicht nur aus dem Inhalt des Geschriebenen; es hat doch einen Einband, eine Farbe, eine bestimmte Größe, dickes oder dünnes Papier, ein Schriftbild; du spürst sein Volumen, fühlst es beim Umblättern, nimmst es gern in die Hand — du hast zum Buch eine Beziehung. Damit hast du auch eine Beziehung zu vielen unbekannten Menschen und deren Beziehungen zu Materialien und Worten, mit denen sie umgingen — eine Beziehungskette, die bis zum Ursprung führt. Womit immer du Umgang hast, bedenke, es verdankt sein Dasein auch Gottes Schöpfung. Einem unwichtigen Gerät oder Gebrauchsgegenstand liegt das *gleiche* »Opfer« Gottes zu Grunde wie der ganzen Schöpfung.

In allem, heißt es, in jedem Ding und jeder Sache ist der »Funke« Gottes, der »nizzut«. Man kennt im Hebräischen auch den Ausdruck »schechina«, Gottes »Einwohnen«; im Erschaffen hat Gott jedes Ding belebt mit seinem Leben. Wer es nur nach seiner Nützlichkeit beurteilt, trennt es damit von Gottes Leben ab. Beim Essen und Trinken z. B. sich — wie es heute teilweise Mode geworden ist — immer nach Kalorien und Kohlehydraten zu richten, zeigt einen Mangel an Beziehung; der nützliche Aspekt der Nahrung wird überbetont. In der Beziehung aber, im Staunen und der Freude, könntest du das ganze Wunder der Schöpfung auch in der Begegnung mit der Nahrung erfahren.

So fortwährend voll Freude über das Wunder, das dir in *allen* Dingen begegnet, würde die Frage nach dem Wozu deines Lebens sich immer tiefer und allumfassender stellen. Wenn sich schon im

Äußeren, in dem, was du wahrnehmen kannst, das Wunder ausdrückt — um wieviel mehr dort, wo die Sinne nicht hinreichen. Den Funken in allem, die Aura, die jedes Ding ausstrahlt, kannst du nur in der Wärme der Beziehung erleben. Im kühlen, objektiven, distanzierten Verhältnis zu den Dingen dagegen ist alles leblos, schnell verbraucht und dient nur der flüchtigen Spannung einer Lust. Die Beziehung menschlicher Wärme aber kann den ganzen Menschen entflammen, so daß er mit der Sache »brennt«, wie gesagt wird.

Ein solches Verhältnis zu den Dingen wird einem echten Künstler nachgesagt. Kunst kommt doch durch die Inspiration aus einer anderen Welt zustande. So sollte alles, was du im Leben wirkst und tust, Kunst sein.

Im Schöpfungsbericht, wie ihn das zweite Kapitel der Genesis überliefert, sagt Gott bei der Erschaffung des Menschen: »Es ist nicht gut, daß der Mensch allein sei« und fährt fort: »Ich werde eine Hilfe ihm gegenüber geben.« Hebräisch »eser kenegdo«, was wörtlich mit »Hilfe ihm gegenüber« übersetzt werden kann, hat den Zahlenwert 360. Mit dieser Zahl aber wird auch seit alters die Gradeinteilung des vollständigen Kreises angegeben. Einheit also entsteht erst, wenn man sich gegenüber das Andere spürt und das Verlangen entbrennt, mit dem Anderen eins zu werden.

Die Bibel erzählt, daß Gott dem Menschen, der noch allein ist, die ganze Schöpfung vorführt. Er beginnt mit der Tierwelt, die dem Menschen am nächsten steht. Da gibt der Mensch jedem Tier seinen Namen, bleibt aber, wie es heißt, auch weiterhin allein. Das Namengeben bedeutet: Du siehst die Sache, verstehst sie und distanzierst dich wieder. Mit dem Namen also kommt die Distanz. Sagt man dem Patienten, wie die Krankheit heißt, ist er manchmal schon beruhigt. Vor lateinischen Namen gar hat er besonders großen Respekt. Manche Ärzte benutzen die Namen der Krankheiten wie Zauberformeln — nur: Heilung bewirken sie damit nicht.

Gott kannst du keinen Namen geben. Er hat, wie es heißt, »70 Namen«; das meint: alle überhaupt denkbaren. Daß der Name Gottes, das Tetragrammaton, unaussprechlich ist, hat nichts mit Geheimnistuerei oder Mystifikation zu tun. Gott ist in keiner begrenzenden Formel festlegbar, die ein Name im Sinne des *Das-ist-es* angibt. In der Überlieferung heißt es dort, wo der Mensch den Tieren Namen gibt, er »treibe Unzucht mit den Tieren«. »Unzucht« geschieht immer dann, wenn man den Sinn einer Sache und ihre Beziehung zum Menschen nicht sucht, eigentlich nicht erkennen mag. Dieses Verfehlen tritt vor allem im Zweck- und Nutzen-Denken zutage.

Es geschieht heute häufig, daß sich Leute »exotischen« Religionen zuwenden; die gäben ihnen mehr Frieden, sagen sie, mehr Entspannung. Sie werden also einer Religion vorgezogen, die von der Existenz des Leids spricht. Das Nutzen-Prinzip wünscht Fortschritt auch auf diesem Gebiet. Andere unterschieben den Geboten der Bibel hygienische Zwecke. Wieder andere betrachten sich als moralisch höherstehend, wenn sie die Gebote halten. Immer ist dabei ein Zweck im Spiel. Wenn du aber die Gebote hältst, ohne zu verstehen warum, dann hast du eine Beziehung, dann vielleicht liebst du Gott. Du tust es Gott zulieb, und nicht, weil du kluge Begründungen dafür hast.

Der Zustand des Trennens bringt die Erklärungen und Begründungen hervor. Der Mensch verhält sich dann der Welt gegenüber so, daß er sie als Objekt betrachtet. Im Traum aber — heißt es — bist du mit allem, wovon du träumst, eins. Träumst du z. B. von Felsen, dann zeigen dir diese Felsen etwas von dir selbst. In der Welt des Seins erkennst du die Einheit in der Harmonie der Vielheit. Wenn im Traum der Bibel von einem Opfertier die Rede ist, das du in den Tempel bringen sollst, dann ist die Entsprechung des Tiers *deine eigene Existenz*, und auch der Tempel ist ein Bereich *in dir selbst*.

Du könntest die Einheit mit allem auch in der Welt des Werdens spüren. Doch wir trennen, und wir tragen diese Trennung oft auch in den Traum, der uns gerade zeigen könnte, daß alles aus uns selbst hervorkommt, was uns gegenständlich erscheint. Wie unser Körper Mineralisches, Pflanzliches und Tierisches enthält, so ist die Welt der Steine, Pflanzen und Tiere eine Entsprechung unserer körperlichen Existenz.

Den 6-ten Tag der Schöpfung kennzeichnet die Vollkommenheit; der Vollkommenheit gegenüber aber steht der Fall. Fall und Erlösung bedingen einander. Du kannst nur fallen, weil du zuvor oben warst. Aus dem einen Äußersten, wohin der Fall dich hinabstürzt, bringt der Erlöser dich ins andere Äußerste. Im 6-ten Tag tritt die Dualität ganz klar hervor; die Extreme berühren sich. Das geschieht auch am Freitag des Neuen Testaments, an dem sich Katastrophe und Erlösung zu gleicher Zeit abspielen. Die Katastrophe ist der Anfang des *Weges*, der am 7-ten Tag beginnt.

Die 6-te Schöpfungstat ist ebenfalls durch ein Extrem gekennzeichnet: Die Vögel werden geschaffen, die hinauffliegen in die Wasser oben, und die Fische, die die Wasser unten bevölkern. Für das »korban«, das »Sich-Gott-nähern«, dem Ursprung näherkommen — üblicherweise sehr mißverständlich mit »Opfer« wiedergegeben —, ist ein Vogel sehr wichtig. Er wird auch nicht in Stücke geteilt wie die anderen Opfertiere, sondern bleibt ganz. Ein Fisch dagegen wird nicht geopfert. Er wird aus dem Wasser gefischt, und wenn man ihn öffnet, enthält er, wie so viele Geschichten erzählen, unerwartete Schätze. Deshalb werden die Fische aus dem Wasser gefischt; das ist die Bestimmung der Fische. Das eine Äußerste bedarf des anderen Äußersten.

Der 6-te Tag ist also keine Katastrophe in dem Sinn, daß man sagen müßte, es sei da etwas völlig falsch gelaufen. Sofern man kausal erklären darf, könnte man im Fall am 6-ten Tag die Möglichkeit sehen, daß Barmherzigkeit wirken kann. Das Böse wird gegeben, damit Gnade sein kann. Die Weite des Lebens wird gleichsam ausgespannt: Du erwartest keine Barmherzigkeit, hoffst auf sie aber doch im Stillen, fürchtest auch, daß sie dir nicht zuteil wird — aber dann kommt sie als Überraschung.

Daher heißt es: Unerfüllt ist alles, damit Erfüllung kommen kann; sie wächst und wächst und kommt immer näher. Es ist schön, wenn es lange dauert. Wie gut, daß ein Kind heranwächst, alle Phasen mitmacht; man ärgert sich, man freut sich, es geht auf und ab. Oder das Wachsen einer Beziehung: Liebe auf den ersten Blick, beim zweiten Enttäuschung, danach innigere Liebe, dann wieder ein Mißverständnis und immer so weiter. Wie langweilig wäre es, käme mit einem Mal alles und bliebe auch immer. Das Wachsen gerade schenkt die Freude. Daß es Zeit braucht, daß es dauert, ist ein großes Glück.

Die Dauer — das ist der Weg für den Menschen. Er weiß, daß der Weg ihn zu etwas hinführt, wovon er spürt: Am Ende kommt es wie eine Explosion — das Einssein. Am 6-ten Tag geschieht Entzweiung, damit der Weg — der 7-te Tag — gegangen werden kann. Mit dem 7-ten beginnt man zu zählen; man zählt die 7 mal 7, und wenn 49 Tage gezählt sind, ist am Abend Pfingsten, der 50. Tag.

Die 7 »zählt«, die 7 kennzeichnet den Weg. Auf dem Weg stellt sich die Frage: ›Wie weit bin ich?‹ Man schaut, wie's mit dem Weg steht, erlebt dabei die Spannung des Weges. Für den Gehetzten aber ist der Weg nicht mehr frei. Durch den ständigen Blick auf die Uhr erlebt er Zeit als Zwang. Er macht Termine, er glaubt, er müsse die Zeit »nutzen«, den Weg *machen*. Die Erde aber, heißt es, der Weg, die Zeit kommen dir entgegen. Ich habe davon im Zusammenhang mit Jakobs Traum erzählt (Band I, 4. Kapitel). Die Zeit ist da, alles ist schon da; der Mensch mit der Uhr aber glaubt, *er* müsse es bestimmen, entscheiden. Im Traum wie im Leben möchte man manchmal am liebsten die Uhren zertrümmern, weil man den Zwang, der alles einordnet, nicht mehr erträgt.

Im 7-ten also führt der Weg. Auch die Tiere, die mit der 7-ten Schöpfungstat erschaffen werden, gehören zum Weg. Sind die 49 erfüllt, die 7 mal 7 vorbei, dann, im 8-ten, steht der Mensch auf. Dann auch endet das Gesetz. Das Zählen allein bedeutet schon Gesetz. Es geschieht in der Bibel mit der 7. Die Woche z. B. ist eine 7-heit; die 7 bedeutet im Hebräischen: eine Woche.

Am 50. Tag aber, zu Pfingsten, herrscht das Gesetz nicht mehr, denn dann ist *alles* da. Hebräisch »kol«, »alles«, in Zahlenschreibweise 20-30, hat den Wert 50. Ob es jetzt ist oder früher war oder erst sein wird — im Fünfzigsten ist alles in einem da, ist alles erfüllt und lebt bei dir und in dir. Du brauchst nicht danach zu suchen, das Suchen wäre noch Gesetz.

An Pfingsten offenbart sich das Wort. Der Geist, der das Wort macht und bringt, ist da. Im »ruach«, im »Geist«, »Wind«, »Wehen«, steigt Gott hinunter und bringt das Wort in die Welt. Dann ist Freiheit, *atmet* man *frei.* Alles geschieht von selbst wie der Atem, der Kreislauf des Blutes.

Auf dem Weg wird das Ziel er-fahren; das Träumen vom Tier hat mit dem Weg zu tun. Das erste Tier, das in der Konfrontation mit dem Menschen erscheint, ist eine »chaja«, ein »wildes Tier«, eine »Schlange«; »chaja« heißt aber auch »Leben«. Die Schlange wird »listiger als alle anderen Tiere« genannt. Im Hebräischen aber ist »listig« und »nackt« das gleiche Wort. Nacktheit kann Unschuld sein: Wie du es zeigst, bist du auch; Nacktheit kann aber auch List sein: Du zeigst es, verbirgst dabei aber etwas. Wenn das

Tier seine Nacktheit zeigt, bedeutet es, es zeigt *eine Phase* des Weges und stellt diese Phase als absolut dar. Nackt im Sinne der Unschuld kann nur der Mensch sein, denn er ist Anfang, Weg und Ende; der aufrechtstehende Mensch zeigt das Ganze.

Von Tieren träumen, bedeutet die 7-te Phase, von Menschen träumen heißt, Begegnungen in der 8-ten Phase erleben. Es fragt sich aber: Müssen Menschen, die uns im Leben begegnen, im Leben also Menschen darstellen und damit die 8-te Phase, müssen sie auch im Traum als Menschen erscheinen? Im Traum z. B. könntest du von einer Katze träumen, die diesem oder jenem Menschen, den du kennst, entspricht. Man redet doch auch von der »Katzennatur« eines Menschen. Unwillkürlich stellt sich in der Sprache die Verbindung zwischen Mensch und Tier her. So etwa, wenn man von einem »Hundeleben« spricht, einen hinterlistigen Menschen »eine Schlange« nennt oder von jemandem sagt, er habe eine »Pferdenatur«.

Von Menschen träumen — bekannten oder fremden —, heißt: Du begegnest dem Menschlichen in dir. Jeder Mensch trägt es in sich, von keinem kann man sagen, er sei nicht im Bilde Gottes. Sein menschliches Antlitz bezeugt, daß er das Liegen und Sich-aufrichten, das Auferstehen, mitvollzogen hat. Aus dem Grab, in dem man *liegt*, wird man erweckt. In alten Kulturen hat man die Toten mit angezogenen Knien, in der Form eines Embryos im Mutterleib, begraben, weil man wußte: Er wird in die andere Welt hineingeboren. Das Liegen jedenfalls ist etwas wie im Grab, und das Aufstehen — die andere Dimension bekommen — bedeutet: Er ist Mensch geworden. Der Mensch verbindet die Extreme: Während der Nacht liegt er und steht während des Tages.

Ich sagte, daß der Mensch »Unzucht« trieb, als er die Tiere beim Namen nannte und sich damit von ihnen distanzierte. Dieses Namengeben bedeutet, daß der Mensch die Schöpfung nicht erkennt, nämlich die Schöpfung als *Beziehung*. Deshalb spaltet Gott den Menschen selbst in zwei, indem er ihm eine Seite — hebräisch »zela« bedeutet »Seite« und nicht »Rippe«, wie meist falsch übersetzt wird — nimmt. Die linke Seite wird ihm gegenübergestellt, damit er spürt, daß es tatsächlich eine Beziehung gibt. Der Frau gibt der Mensch auch keinen Namen, sondern sagt: »Sie ist wie ich«; er ist »isch«, sie »ischa«. Erst beim Fall, beim Nehmen vom Baum der Erkenntnis, nennt er sie »chawah«, ein Wort, das mit »chaja«, »wildes Tier«, »Leben«, eng verwandt ist.

Der Weg der Beziehung, sagt man, geht nun tatsächlich über die Beziehung zum Partner, Mann zu Frau, Frau zu Mann. Aufgrund der Beziehung kommt der neue Mensch; nun kennt er den anderen, das Menschliche in der Beziehung.

Und durch den Menschen kommt es zur Beziehung zur Schöpfung, denn wer den Menschen liebt, liebt auch alles andere.

Es gibt Leute, die lieben ihren Hund, ihre Katze oder ihr Pferd und sagen: ›Ich brauche keinen Menschen.‹ Die haben den Menschen ausgeschaltet und *benutzen* die Tiere. Zur Beziehung aber kommt man nur über die Spaltung in sich selber. Mann und Frau existieren auch im Menschen selbst als Männliches und Weibliches. Das Männliche im Menschen ist das Verborgene, das Weibliche das Erscheinende. Fortwährend vollzieht sich im Menschen die Suche nach der Verbindung zwischen dem Geheimen und dem Offenbaren. Das Geheime, heißt es im alten Wissen, kannst du nicht offenbaren, damit würdest du es töten; das Offenbare kannst du nicht geheim machen, damit verleugnest du die Welt. Das Offenbare ist für uns und unsere Kinder, das Verborgene aber ist für Gott (5. Mose 29, 28).

Der Mensch sucht die Beziehung. Es ist die Suche nach der Gegenseite, weil man spürt, daß nur mit dem Anderen Einheit zustandekommt. Das Erzählen bedarf z. B. auch der Gegenseite, damit sich's überhaupt erzählen kann. So seid ihr, Zuhörer und Leser, für mich das Weibliche, während ich erzähle; ihr, die Gegenseite, macht es möglich, daß ich überhaupt erzählen kann. Müßte ich es mir selbst erzählen, würde ich Fehler machen, stocken und käme bald nicht weiter. Die Gegenseite ist es, die »Hilfe gegenüber«, die den Kreis vollständig macht. Daher ist es so wichtig, ja zentral, Beziehungen zu erkennen und Beziehungen zu haben — mit der ganzen Welt.

In der Welt des Werdens erscheinen die Tiere außerhalb von uns, ihre Bestimmung ist aber die Beziehung zu uns. Was bedeuten nun Hund und Katze im Traum, in der Welt des Seins?

Es gibt eine sehr alte Geschichte, die beim jüdischen Osterfest, an Pesach also, gesungen oder erzählt wird. In etwas abgewandelter Form kennt man sie auch in anderen Kulturen. Sie beginnt: »Mein Vater kaufte mir ein Lämmchen um zwei Sus«. — Sus ist eine Münzeinheit; daß es »zwei« sind, weist auf die grundlegende Zweiheit hin, die uns immer und überall umgibt. Es ist die Zwei, Beth, mit der auch die Thora, die Welt, beginnt. — »Da kommt die Katze und beißt das Lämmchen«, fährt die Geschichte fort. ›Böse Katze‹, sagen wir und geben gleich ein Urteil. Wie wir uns auch aufregen, wenn eine Katze einen Vogel fängt. Wenn wir aber Tausende von Tieren täglich auf »hygienische« Art im Schlachthof töten, regt uns das gar nicht auf; wir essen hoffentlich mit Genuß den Sonntagsbraten.

Die Katze hat eben ihre Art zu töten. Es liegt in der Natur, daß eins das andere verschlingt. Wir atmen reine Luft ein, »verschmutzte« geben wir ab. Wir nehmen Nahrung auf; zum Teil wird sie Teil unseres Körpers, zum Teil wird sie ausgeschieden. Sie hat dann einen ziemlich unangenehmen Geruch. Überall sehen wir es in der Welt: Eines nimmt das andere auf. Es ist ein ständiges Kommen und Gehen. — Die Katze steht in dieser alten Geschichte am Anfang des Weges. Sie »beißt« wie die Schlange, »chaja«; die Katze gehört auch zu den »chajot«, zu den »wilden Tieren«.

Und die Geschichte geht weiter: »Das sieht der Hund und beißt die Katze.« — Wir haben schon davon gesprochen, daß der Hund dem kausalen Denken entspricht. Er »bestraft« die Katze, weil er glaubt, er müsse Ordnung und Gerechtigkeit in die Welt bringen. Nun beginnt die Kausalitätsreihe, jeder will jeden strafen: »Das sieht der Stock und schlägt den Hund. Das sieht das Feuer und verbrennt den Stock. Das sieht das Wasser und löscht das Feuer. Das sieht der Ochse und sauft das Wasser. Das sieht der Mensch und schlachtet den Ochsen. Das sieht der Todesengel und tötet den Menschen. Das sieht Gott und nimmt den Todesengel hinweg.«

Unsere Geschichte zeigt die Katze als Anfang und Ursache des Weges. Seit jeher spielt doch auch die Katze eine wichtige Rolle in der Magie. Sie hält sich mit Vorliebe in Ruinen auf. Sie sucht, könnte man sagen, den Ursprung; sie sucht das

»Lamm«. Und sie sucht es gar nicht in böser Absicht, denn der *Weg* soll doch sein, die Trennung kam doch, damit der Weg gegangen werden kann. Gerade durch die Entfernung vom Ursprung entsteht die Spannung des Weges. Wie langweilig wäre es, im Paradies zu bleiben, damit auch kein Glück zu er-fahren, weil man's sozusagen schon hätte.

Die Katze erträgt das Lamm nicht, deshalb kann der Weg beginnen. Das »Beißen« ist ihre Bestimmung. Das Lamm wird für zwei Sus gekauft, für eine Zwei-Teilung also. Mit der Zwei entsteht die eine Seite und die andere Seite der Welt, Himmel und Erde, der Baum des Lebens und der Baum der Erkenntnis, Gut und Böse, männlich und weiblich. Beim Beißen der Katze fühlen wir: ›Warum tut sie das? Es hätte doch so bleiben können!‹ Wir verstehen nicht, daß der Weg einen Sinn hat.

Katze bedeutet in der Entsprechung: unerklärlicher Ursprung. Deshalb auch ihre enge Beziehung zur Magie. Beim Zaubern ist immer die Frage: Woher kommt das, was ist es, warum geschieht es? Das Rätselhafte verkörpert sich in der Katze. In der Weltliteratur finden Sie dafür viele Beispiele; mir fällt gerade »The Black Cat« von E. A. Poe ein.

Die Katze hat ihr Eigenleben, das für uns unverständlich ist. Sie entspricht *im* Menschen der

Suche nach dem Ursprung und dem gleichzeitigen Nichtwissen, wie man hingelangt. Daher auch die starke Neigung, magisch hinzugelangen. Magie ist der Anfang des Weges: Wenn du handelst, geschieht weiteres, ohne daß du den kausalen Zusammenhang erfährst; du siehst: »es« tut.

Der Hund ist der Feind der Katze. Bis heute, könnte man sagen, rächt sich der Hund, denn er will Gerechtigkeit. Er ist dagegen, daß der Weg anfing. Er ist der Hüter der Kausalität. Als Jagdhund soll er für uns das Tier fangen, das fortläuft. Der Mensch sucht — wie Esau — das Tier zu fangen, um den »Segen des Vaters« zu erlangen. Er möchte die Vierheit in der Welt fangen und dazu braucht er den Hund.

Im Bild der Jagd kann man z. B. auch die Wissenschaft sehen. Das Wissenschaftliche hat in diesem Aspekt etwas »Zynisches« (von griech. »kynos«, Hund). Das ist nicht in unserem Sinn abwertend gemeint; im alten Wissen wird dem Hund seine Rolle im Leben gegeben. Man unterscheidet lediglich das Unerklärliche*, das mit der Kat-

* Im sprichwörtlichen »Alles für die Katz!« blieb altes Wissen erhalten. Daß wir diese Wendung heute nur im negativen Sinn gebrauchen, weist auf die Vorrangstellung hin, die der kausale Bereich und das Nutzen-Prinzip innehaben. Wenn man sonst nur Enttäuschung und Resignation fühlte, die sich im »Alles für die Katz!« entlädt, könnte man jetzt vielleicht auch Erleichterung, ja, Freude empfinden. Was wir »für die Katz« tun, könnte gelten. (Anmerkung des Herausgebers).

ze, und den Erklärungszusammenhang, der mit dem Hund zu tun hat.

Der Hund hält sich an den Menschen, wie die Kausalität sich an uns heftet; sie läßt uns nicht los, sie dient uns. Mit ihr können wir sehr vieles erjagen, erreichen. Der Hund ist treu, er jagt für *uns*. Die Katze jagt die Maus, den Vogel für *sich*. Der Hund apportiert, bringt den Stock, den man fortschleudert, zum Herrn zurück. Bei der Katze kann man lange warten, sie kümmert sich gar nicht darum. — Katze und Hund stehen sich gegenüber wie rechte und linke Seite: Die rechte Seite mit dem Verborgenen, Ursprünglichen, und die linke mit dem Erscheinenden, der Vielheit und ihren Erklärungsmöglichkeiten.

Träumst du von einer Katze — oder einem Tier, das an die gleiche Stelle in der Systematik der Bibel gestellt wird —, so will es dir mitteilen, daß etwas in dir ist, das den Weg zu gehen beginnt. Die Katze und die Schlange — ich habe schon darauf hingewiesen — stehen sich sehr nahe. Die Bibel erzählt von der Schlange, die beißt, die späteren Geschichten der Überlieferung von der Katze, die im Haus des Menschen lebt.

Nach der alten Traumdeutung ist es »gut«, wenn du träumst, daß dich eine Schlange beißt. Es bedeutet: Du wirst reich werden, du wirst den Weg gehen. Die Schlange macht dich reich auf dem Weg, reich nach der Art des Weges, bis am Ende der Todesengel steht. Der Reichtum aber kann dich nicht hinüberbringen. Er bringt dich nur bis zum Ochsen, zum Stier. Das ist die Welt, alles, worauf du stehst, wie du auf den Sohlen vom Fell des Stiers stehst. Den Stier schlachtest du, richtest die Welt und dich selbst zugrunde, denn der Todesengel kommt nun. Dahin bringt dich der Reichtum. Das Nadelöhr läßt den Reichen nicht durch. Du bleibst diesseits.

Diesen Reichtum verspricht die Schlange, und alle sind wir gern bereit, ihn zu empfangen: Reichtum an Wissen, an Schönheit, an materiellen Gütern. Es ist der Reichtum von der Seite des Weges. — Die Schlange dient auch dem Zauberer. Das Wort für »zaubern« im Hebräischen, »nachesch«, könnte man als Verb mit »schlangen« übersetzen; »nachasch« heißt »Schlange«. Als Verb steht es z. B. in 1. Mose 44,5, wo von dem Becher die Rede ist — der später bei Benjamin gefunden wird —, mit dem Joseph »zaubert«.

Was zaubert im Menschen und reich macht, beißt dieses Lämmchen, das vom Vater gegeben wurde. Was gegeben wird, bleibt; *immer* lebst du mit dem Lamm, wie auch die Katze oder Schlange in der Geschichte *immer* beißt. Das Lamm ist da, *und* der Weg wird gegangen.

Ein Hund im Traum weist dich auf die Gefangenschaft in der Kausalität hin. Die Hunde, heißt es in den alten Mitteilungen, verhindern, daß Israel aus Ägypten auszieht. Kausal ist der Auszug unmöglich. Daher wird gesagt: Beim Auszug aus Ägypten bellt kein Hund und kein Hund fletscht die Zähne. Wenn der Hund, die Fixierung aufs kausal Bedingte, nicht mehr hindert, beginnt der Glaube; du siehst, spürst, empfindest dann das Andere. Dann wird die Kausalität zum Spielfeld, verliert allen Zwang.

Wie erscheint dir der Hund im Traum? Wenn er sich führen läßt oder wegläuft, jedenfalls als dir sich unterordnend gebärdet, dann, heißt es, ist es »gut«. Wenn er dir aber den Weg verstellt, dich angreift, dir Angst einjagt, dann — sagt eine Mitteilung in der alten Traumdeutung — sprich diesen Vers aus der Bibel: »Kein Hund fletscht die Zähne euch gegenüber« (2. Mose 11, 7).

Der »Hund« hindert dich in deinem Leben daran, daß du dich von der Kausalität befreist. Es geschieht doch oft, daß man gegen sich selbst argumentiert oder durch die Argumente anderer gerade an dem Punkt angegriffen wird, der seinem Wesen nach einer kausalen Erklärungsmöglichkeit unzugänglich ist. So »treu«, könnte man sagen, ist der »Hund« dem Menschen. Er läßt ihn nicht in Ruhe, er läßt ihn nicht ausziehen. — Man soll den Hund ruhig mitnehmen, die Kausalität soll nicht im Wege stehen.

Es gibt doch auch den Ausdruck, etwas »vor die Hunde werfen«. Das, was vom Menschen nicht genossen werden kann, gibt man den Hunden. Es bedeutet: Das Akausale ist für den Menschen, das andere für den Hund im Menschen bestimmt; damit ist der ganze kausal bedingte Bereich gemeint. Wenn ich z. B. eine kluge wissenschaftliche Abhandlung gelesen habe, dann kann ich sagen — ohne daß ich es herabsetzend meine —: Das habe ich den Hunden vorgeworfen. Lese ich dagegen etwas, das mich gewaltig berührt, dann kann ich es »Speise des Menschen« nennen.

Das Kausale sollen wir dem Tier in uns geben, das auf dem Weg ist, horizontal. Die Speise des Menschen dagegen ist eine besondere; sie kann nur »korban« sein, also das, was zu Gott geht, aufsteigend. Das entspricht der 8-ten Phase, der 8-ten Schöpfungstat, dem Menschen, der aufrecht steht, vertikal, Himmel und Erde verbindet. Der Auferstandene ist selbst »korban«.

Das Kausale, das für den Hund ist, sollen wir nicht als minderwertig sehen. Es ist Teil unseres Seins. Das alte Wissen betrachtet es als ein Spiel, das gut ist. Aber es heißt auch: Spiele nicht zu viel mit den »Hunden« oder »Katzen«, du könntest dich daran gewöhnen, so zu sein wie sie. Du könntest dem Kausalen oder der Magie verfallen. Bedenke: Zwar ist in dir etwas, das den Weg gehen läßt, aber »nachesch«, »zaubern« kannst du nicht; dir kommen die Dinge auf andere Art.

Das »Zaubern« ist die Natur des Tiers, es kann

nicht anders, und der Mensch als Tier glaubt, er müsse so tun. Daher die Furcht vor Zauberei in der Bibel und in den alten Mitteilungen. Zauberei ist Heidentum, und Heidentum ist es, wenn man sich in der Vielheit der Umhüllung, im Runden des uns Umgebenden verliert. Dem ist man dann verhaftet und glaubt nicht mehr, daß es kommt ohne unser Zutun.

Vielleicht kennen Sie die Geschichte von den beiden chassidischen Rebbes, diesen Zaddikim, die zur Zeit Napoleons in Rußland lebten. Martin Buber hat sie in der Form einer Chronik unter dem Titel »Zwischen Zeit und Ewigkeit. Gog und Magog« nacherzählt. Der eine Zaddik sieht in Napoleon den Eintritt der Zeit des Endes. Er glaubt, es sei die letzte Wehe und man müsse sie beschleunigen, dann könne die Erlösung kommen. Er kennt die Kraft und will sie jetzt anwenden, damit »das Kind« geboren werden kann. Der andere Zaddik aber stört ihn. Er sagt: Es soll kommen wie es kommt. Wenn die Zeit reif ist, geschieht es. Nicht einmal mit dem Gebet soll man eingreifen. Dieser Zaddik unternimmt eine Art Antimagie gegen die Magie des anderen; er bläst dessen Kerzen aus, läßt nicht zu, was der andere tut.

Magie also — das lehrt diese bekannte Geschichte — soll auch dort nicht sein, wo du glaubst, sie sei zum Guten. Magische Bestrebungen kommen noch von der Phase des Tiers, des Horizontalen; wenn du aufgerichtet, auferstanden bist, weißt du, daß alles gut ist, wie es ist. — ›Aber man muß doch eingreifen‹, werden Sie vielleicht einwenden, ›wenn man sieht, wie es bei einem Menschen stockt, und helfen, damit *es* geht.‹ Ich glaube, eine eindeutige Antwort auf die Frage, ob man eingreifen oder es sein lassen soll, gibt es nicht; einerseits ist das Eingreifen eine Art Magie, weil du einen Zweck verfolgst, andererseits — um ein extremes Beipiel zu wählen —: Gibst du dem Kranken kein Penicillin, wird er sterben!

Sie spüren schon: Die Katze lebt in uns, damit der Weg weitergehen kann, der Hund begleitet uns, damit wir aus dem kausalen Bereich Nutzen ziehen. Es gehört auch zur Freude des Weges, mit Hund und Katze zu spielen. Manches im Leben zwingst du auf magische Art, ein Weg fängt an, du wirst dadurch vielleicht »reich«, ein anderer vielleicht dadurch glücklich; vieles im Leben basiert auch auf kausal bedingter Wissenschaft, die Erfolge der Naturwissenschaften eröffnen ganz gewaltige Lebensmöglichkeiten und damit auch neue Möglichkeiten, Freude zu schenken.

Träume von Katze und Hund zeigen dir: Du hast das unerklärlich Magische und du hast das Kausale in dir; der Mensch aber, das bedenke, steht aufrecht, ist auferstanden. Der Messias hat nichts mit Hund und Katze zu tun; er hat mit dem Menschen zu tun. Er ist das Lamm, das »gebissen« wird, damit der Weg anfängt. Judas »küßt« Jesus; »küssen« und »beißen« aber sind im Hebräischen einander nahe Worte. Durch Judas beginnt der Weg. Bei der Ankündigung seines Todes sagt Jesus, daß er drei Tage wegsein und am dritten Tag auferstehen werde. In der deutschen Sprache kann man »wegsein« auch als »Weg sein« lesen.

Gewiß, Judas hat »das Falsche«, wie die Katze, die das Lamm beißt, wie die Schlange, die verführt; aber bedenken wir auch: Damit beginnt die Freude des Wegs. Daher nennen die alten Deutungen aus dem hebräischen und aramäischen Bereich den Traum von der Schlange »gut«, denn es bedeutet: Du wirst den Weg gehen, du wirst die Freude erleben, daß alles zustandekommt.

Zwanzigstes Kapitel

Die sieben Sephirot · Die Sephira des Herzens · Das Geheimnis · Das Dämonische · Die Wende · Die Geschichte von König Salomos Ring

Ich will jetzt, nachdem wir von den Tieren im Traum gesprochen haben, vom Menschen im Traum reden. Die Fragen sind dabei immer: Was für ein Mensch begegnet dir und was tut er? Greift er dich an? Erlebst du ihn als Freund? Erfährst du durch ihn eine Enttäuschung? Die Begegnung mit irgendeinem Menschen im Traum bedeutet auch: Du begegnest eigentlich dir selbst in einem Gefühl, das auf dich zukommt oder das du einem anderen geben kannst.

Die Deutungen, die in den alten Quellen von solchen Traumbegegnungen gegeben werden, setzen viele Vorkenntnisse voraus. Vor allem darf man nicht in den Fehler verfallen, den Menschen nur als das zu sehen, was man von ihm in seiner Erscheinungsweise hier kennt. In dieser, wie man es nennen könnte, linearen Erfahrung ist alles kausal und logisch, sollte alles eigentlich stimmen. Wenn es nicht stimmt, sind wir verwirrt. So verwirren uns zum Beispiel die Geschichten der Mythologie, deren Begebenheiten vom Standpunkt der Vernunft aus als Lügenmärchen erscheinen. Dennoch bilden sie zweifellos das Fundament aller Kulturen; die ältesten Überlieferungen aller Erdteile sind Mythen. Die »aufgeklärte« Wissenschaft sieht in ihnen Erfindungen angstvoller Primitiver, die in dunkler Unwissenheit lebten. Der Tatsache, daß wir im Traum und in der Phantasie fortwährend *Mythologie leben,* weicht man aus, indem man diesen Bereich den Krankheiten zuordnet und der Tiefenpsychologie als Experimentierfeld überläßt.

Ich habe im Laufe dieser Erörterungen schon mehrfach die Lehre von den Sphären erwähnt, die in verschiedenen Kulturen überliefert ist. Im jüdisch-christlichen Bereich ist sie unter dem Begriff der Sephirot bekannt. Nach dieser Lehre existiert der Mensch nicht nur in der Sphäre, in der er mit seiner Erscheinung lebt, sondern zugleich auch in vielen anderen Sphären. Man spricht von 7 und meint damit nicht — wie Sie schon wissen — die 7 als Recheneinheit, sondern das grundlegende Sich-darstellen der Wirklichkeit in 7-heit. Ich erinnere nur an die 7 Tage der Woche sowie auch an die 4 mal 7 plus ein Weniges des Mondumlaufs; letzteres zeigt überdies den Zusammenhang der 7 mit der ebenso grundlegenden 4-heit.

Der Mensch entsteht, wie Sie wissen, in der

6-ten Sphäre, am Ende des 6-ten Tages; er lebt im 7-ten Tag, in der 7-ten Sphäre, und er erwartet etwas, das wir als das 8-te ausdrücken können.

Diese Verhältnisse spielen im Traum eine wichtige Rolle. Aus welcher Sphäre, so wird gefragt, begegnet dir ein Mensch im Traum? Sphäre, hebräisch »sephira«, bedeutet eigentlich »Zahl« (»sapher«, »zählen, erzählen«) und damit, wie jede Zahl, auch ein »Verhältnis«. Das bloße Nennen einer Zahl gibt schon ein Verhältnis: 7 ist mehr als 5 oder 6 und weniger als 8 oder 10. Sphäre bedeutet also: Man steht unter einem bestimmten Verhältnis. Gesagt wird auch, man habe zu jemandem ein Verhältnis, ein gutes oder schlechtes, oder man lebe in guten oder schlechten Verhältnissen. Man vergleicht also, und der Vergleich fällt so aus, daß man von gut oder nicht gut spricht.

Die Sephirot (Mehrzahl von Sephira) bedeuten Verhältnisse im Sinne von: Wie fühlst du dich? Die erste Sephira heißt im Hebräischen »chessed«, was mit Liebe, Güte, Gnade übersetzt werden kann. Wichtig ist im Augenblick nicht die Zahl, sondern das Verhältnis, welches Chessed ausdrückt: Wie fühlst du dich dem gegenüber? Jeder Mensch, der dir im Traum in einem liebevollen Verhältnis begegnet, hat mit der ersten Sephira zu tun.

Die Geschichte der ersten Sephira ist entscheidend, mit ihr fängt überhaupt alles an. Es ist der Anfang, in dem aus dem scheinbaren Nichts etwas entsteht. Wenn dir ein Mensch im Traum begegnet und du magst ihn, oder er mag dich, oder du sehnst dich nach ihm und im Traum erscheint er dir plötzlich — dann, sagt man, geschieht eine Kreation aus dem Nichts. Es ist die Überraschung, daß das möglich ist, die Überraschung, daß man überhaupt Liebe erfahren kann; daß es das ganz Andere gibt, das nicht Berechnung, Kausalität, Schlußfolgerung ist. Ein solches gutes Verhältnis — im Sinne des »Trotzdem«: Wie du auch bist, was du auch tust, er liebt dich trotzdem — kennzeichnet die erste Sephira.

Als wir im letzten Kapitel von der Katze sprachen, die in dieser alten Geschichte den Anfang macht, sahen wir das Rätselhafte gerade darin, daß sie ohne Anlaß beißt. Man könnte sagen, sie beißt, damit der Weg anfängt; aber gleich auch wieder fragen: Warum muß er denn überhaupt anfangen? Mit der Katze ist, wie wir sahen, der magische Einfluß da, daß von einer ganz anderen Welt her plötzlich hier etwas Neues gemacht werden kann. Zur Katze als Lebe-Wesen sollten wir eine *Beziehung* haben und sie nicht nur nach ihrer Nützlich- oder Niedlichkeit schätzen.

Chessed, das Gefühl der Liebe, ist etwas, das plötzlich aus einer anderen Welt hervorkommt und sich vor dir zeigt. Daher verlangt der Mensch so sehr nach Liebe, sehnt sich nach der Kreation aus dem Nichts, ersehnt das Unerwartete.

An zweiter Stelle, dort also, wo im alten Lied vom Lämmchen der Hund kommt, folgt in den Sephirot die »Kraft«, »gewura«. Kraft ist ein Anlaß, um Kraft zu zeigen. Es ist das Gesetzmäßige, das auch unsere körperliche Erscheinung bestimmt. Gewura will sagen: Du hast in deinem Leben nicht nur die Seite, wo du Liebe erwartest, sondern auch die Gegenseite, wo du das Gesetz kennst, welches nicht überrascht. Du spürst, daß ohne dieses Gesetz die Welt nicht bestehen könnte. Es ist auch das Gesetz des Tausches: Etwas geht hin und etwas kommt zurück. Wenn dir im Traum z. B. ein Mensch so begegnet, daß er von dir etwas fordert und daß du, wenn du es gibst, eine Belohnung dafür erhältst, dann erfährst du das Verhältnis Gewura, die zweite Sephira.

So begegnet dir etwa ein Examinator oder Richter im Traum. Du bekommst die Beuteilung, die du verdienst, es ist ein Geschäft. Du erwartest gar nichts anderes. Immer hast du Angst vor dieser Welt, die eine Leistung fordert; deine Sehnsucht aber gilt einer Hilfe, die als Überraschung kommt. Manchmal befriedigt dich die Leistung. Gleich aber meldet sich auch wieder die Sorge: ›Werde ich weiter leisten können, wenn ich alt bin? Die Konkurrenz, wird sie mich nicht verdrängen?‹

Wird in einer Phase des Lebens das Gesetzmäßige stark betont, dann kann es geschehen, daß einem selbst der Himmel in Form eines streng prüfenden Richters begegnet. Und um Gnade zu finden, beichtest du auch Dinge, die du gar nicht getan hast. Wie Leute vor Gericht alles Mögliche erzählen in der Hoffnung, die prüfende Strenge milder zu stimmen; sie beschuldigen sich selbst in der Panik der Angst.

Eine Welt, die den Menschen auf das Gesetzmäßige hin ausbildet, anerzieht damit auch die Angst vor dem Richter, ja, vor dem Leben überhaupt. Das Gesetzmäßige ist immer von einem Gefühl begleitet, das sich in einer Angst, nicht durchzukommen, in einer Sorge zu versagen, äußert. Fortwährend hegst du den Argwohn, der andere suche bei dir nach einer schwachen Stelle. — Gewura ist die Kraft, die erhält, aber auch die Kraft, die dir Niederlagen bereiten kann.

Die dritte Begegnungsmöglichkeit innerhalb der Sephirot heißt »tiferet«, »Schönheit«, »Harmonie«. Sie ist die zentrale Sephira und wird daher auch die »Sephira des Herzens« genannt. Alle Wege, alle Möglichkeiten kommen aus ihr hervor. In ihrem Verhältnis spürt der Mensch, daß es schon in Ordnung ist, daß er nicht zu leisten braucht. Aber gerade Tiferet hat auch eine merkwürdige Gegenseite: das Disharmonische, Chaotische, teuflisch Destruktive.

Die Liebe zwischen Menschen kann sehr harmonisch sein; es zeigt sich aber auch Perverses und Destruktives, als wollte ein Partner gerade das hervorkehren, wodurch dem anderen aus Ekel die Liebe vergeht. Das ist das Doppelte bei Tiferet, der dritten Sephira, die, wie alles Dritte, den Zwillingscharakter hat. Der destruktive Zwilling stört uns in der Harmonie.

Die Schöpfungsgeschichte erzählt vom Garten Eden, dem Traum-Bild der Harmonie, in den der Mensch gesetzt wird, damit er ihn »bearbeite und schütze«. Damit ist das Schützen vor dem Chaos gemeint, vor der Lust, es zu verderben. Die Gegenseite der Harmonie hat, wie man sagt, auch ein Herz. Dem guten Herz entspricht das kranke; krank in dem Sinn, daß das Zentrum des Menschen böse Gedanken, böse Wünsche oder Angst vor dem Bösen aussendet.

Herzkrankheiten werden im alten Wissen nicht nur anatomisch gesehen; vielmehr sagt man dort: Wie du von deinem Zentrum her die Welt erlebst, so lebt dein Herz. Die vielen Herzinfarkte heute — können sie vielleicht nicht auch daher kommen, weil man sich im Leben gern dem Chaotischen, dem Perversen hingibt? Das Herz, hebräisch »leb«, 30-2, erträgt es nicht; das Zentrum der 32 Wege, von denen man spricht und die das Menschenmögliche ausdrücken, ist angetastet. Nach dem Kampf mit dem Engel von der linken Seite ist Jakobs Hüftgelenk verrenkt, er kann nicht mehr richtig im Glcichgewicht gehen, die Balance ist gestört. Der Traum von der Harmonie bringt die Furcht mit sich: Wie wird der Kampf ausgehen? Bleibt der Garten geschützt?

Im Garten herrscht die Freude am Schönen, das dich umgibt; aber auch die Angriffsmöglichkeit lauert dort, die Schlange. Auf die Frage, vor wem der Mensch den Garten schützen solle, wird geantwortet: Vor dem Angriff der wilden Tiere. Und »chaja«, »(wildes) Tier«, ist auch das Wort für »Leben«. Das Leben in der Erscheinung, die »nefesch chaja«, enthält beides: Harmonie und das Zerreißen.

Der Mensch lebt fortwährend in allen 7 Sephirot, seine Sichtbarkeit ist aber nur in der 7-ten da; die 6 anderen leben in seinen verborgenen Momenten. Eine von den Sephirot inspirierte Psychologie würde fragen: Was z. B. ist im Menschen der Moment Gewura? Lebt er die 7-heit als eine Einheit oder ist da ein Bruch? — Wenn ich jetzt also von der vierten Sephira spreche, dann verstehen Sie, daß es sich dabei um eine Facette im Menschen handelt, die zu ihm gehört und die er oft träumt; ihr Name ist »nezach«, das bedeutet »Sieg«.

In dieser Sphäre lebt und träumt der Mensch im Verhältnis des Sieghaften. Er besteht, hat keine Angst, ist siegesbewußt und stolz. Die Gegenseite, die Niederlage, träumt man auch, aber das geschieht im Verhältnis Gewura, dort, wo die Kraft und das Gesetz herrschen. Nezach bedeutet, daß du nicht einmal das Gefühl der Möglichkeit einer Niederlage haben kannst. Wer Nezach träumt, träumt und lebt in einer Gewißheit.

Das Gefühl, daß du Erfolg haben und durchkommen wirst, läßt dich dann auch tatsächlich z. B. eine Prüfung bestehen. Ein solches Gefühl spielt zwischen Menschen eine große Rolle. Der andere spürt an deiner Angst vor ihm, daß du dich ihm unterwirfst; ohne daß er überlegt, stellt sich bei ihm das Unterdrücken, das Quälen ein. Die Angst des anderen ruft es bei ihm hervor, fordert es heraus.

Nezach steht wie Chessed auf der rechten Seite (siehe S. 217). Die Kraft der Überraschung, die Chessed bringt, bildet auch Nezach; es besteht eine Verbindung zwischen beiden. Nezach, könnte man sagen, lebt noch wie ein Kind bei Chessed; die Gewißheit kommt aus der gleichen Wurzel. Wo immer der Sieg auch herkommen mag — die Gewißheit, daß er kommt, ist zweifellos.

Bei jedem Menschen gibt es Dinge, die er ganz selbstverständlich zustandebringt. Das kommt von Nezach. Der Mensch, der unter diesem Verhältnis steht, könnte sogar die Überzeugung haben, daß er auch endgültig siegen wird. Nezach als Siegen-können gehört zum Sein des Menschen.

An der linken Seite, unter Gewura, folgt als fünfte Sephira »hod«; dieser Begriff bedeutet Formwerdung, »etwas bilden«, in einer Form erscheinen, und zu gleicher Zeit »Lob«, also die Freude daran, daß etwas gebildet werden kann. Das bezieht sich auf alles Formen im Leben überhaupt. Ob einer Kinder erzieht oder ein Geschäft betreibt oder Dinge produziert — überall ist die Freude beteiligt, daß Form zustandekommt. Wenn du z. B. etwas überlegst, eine Hypothese aufstellst, und bei weiterem Forschen Zusammenhänge findest, die dir zeigen, daß deine Annahme stimmt — auch das gehört zur Formwerdung, und die Freude an der Form spielt mit.

Der »Sieg« steht rechts, die Freude an der Formwerdung links; die vierte und fünfte Sephira gehören wie Brüder zusammen. An der rechten Seite, bei Nezach, steht Mose, der »aus der Zeit Herausgeholte« — das eben ist der Sieg —, und an der linken Seite steht Aaron, der Mensch des »korban«, des »Sich-näherns« dem, wovon man spürt, es ist das eigentliche Zuhause. Mose und Aaron sind Brüder und gehören zusammen.

Als sechste Sephira folgt nun »jesod«, »Fundament«, »Grundlage«. Es ist vom Wort »sod«, »Geheimnis«, gebildet. Jesod ist also dasjenige, was auf dem Geheimnis basiert, und zwar so, daß du das Geheimnis bei dir und anderen bewahren kannst. Nur dann gibt es dieses Fundament.

Die heutige Zeit weiß vom Geheimnis kaum mehr etwas. Eine eigentümliche Neigung zum »Beichten« und Bekennen kennzeichnet z. B. auch die Literatur. Alles wird herausgesagt und analysiert — nur so glaubt man, verstehen zu können. Aber gerade dadurch versteht man nichts mehr, gerät in Verwirrung, weil das Heraussagen und Analysieren kein Ende nimmt.

Grundlegend aber für jedes wirkliche Verstehen ist das Geheimnis. Dann ist »Ich kenne dich« gleichbedeutend mit »Ich bewahre das Geheimnis«. Auch beim Sprechen bleibt das Geheimnis gewahrt. Man kann nicht »erklären«, was Erlösung ist. Versucht man es dennoch, dann entzieht sich das Geheimnis der Erlösung und zurück bleibt Starres, Totes, Gerede. Die Wurzel ist unterirdisch, die Organe sind verborgen, das Gehirn wird von der Schädeldecke geschützt. Wenn du es herausholst, um es zu analysieren, tötest du es. Sein Schutz ist seine Verborgenheit.

Geheimnis meint nicht Geheimnistuerei, Aversion gegen alles Rationale. Geheimnis bedeutet: Sich freuen, daß etwas da ist, das nicht berechnet und erklärt werden kann. Diesem Unerklärlichen möchte man gern gegenüberstehen. Das Verstehen des anderen, die wirkliche Verbindung mit ihm, geschieht dort, wo sein Verborgenes mein Geheimnis berührt. Dort ist Kommunikation. Alles wirklich Grundlegende bedarf keiner Erklärung. Man

»versteht« es auf andere Art, hat Teil an ihm, soweit man sein eigenes Geheimnis schützt und bewahrt.

Im Verhältnis Jesod spielt auch das Geschehen des 6-ten im Sinne des 6-ten Tages der Schöpfung. Es ist doch der Tag, an dem der Mensch zustandekommt. Wir wissen aber auch, daß ihn am selben Tag die Schlange angreift und beißt. Der 6-te Tag ist auch der Freitag der Kreuzigung. Was bedeutet das?

Der Mensch ist nicht immer, ja vielleicht niemals richtig imstande, das Geheimnis als Geheimnis zu bewahren. Er möchte gern analysieren. Das ist seine dämonische Natur. Dämonie ist nach dem alten Wissen die raffinierte Gescheitheit, die aufs Äußerste gesteigerte Intelligenz. Teufel bedeutet: ›Ich werde dir alles berechnen, ich kann dir alles erklären.‹ Es ist das Teuflische, das den 6-ten Tag komplett machen will: Das Geschaffene will nun selbst weiter schöpfen.

Das »Komplette« der 6 ist die Begegnung der 6 mit der 6: die 36. Und die »erfüllte« 36 ergibt sich nach der Rechenweise des alten Wissens durch die Addition von 36 + 35 + 34 + usw. bis + 1; heraus kommt die Zahl 666. In ihr drückt sich, wie man sagt, die alles beherrschende »Bestie« aus. Alles ist bis ins letzte durchanalysiert — »computerisiert«, würden wir heute sagen. Dann gibt es nur noch tödliche Langeweile des Sich-nach-der-

Norm-Verhaltens. Der Mensch ist ausgeschaltet.

Die Schlange, die beißt, bringt das Weiter-und-weiter-gehen mit der Intelligenz; das ist der Verrat, das Verleugnet- und Verlassenwerden, die Kreuzigung. Dann beherrschen den Menschen Gedanken wie: ›Was *nutzt* es mir? — Es ist gefährlich, sich zu ihm zu bekennen. — Ich kenne ihn gar nicht, habe ihn nie gesehen, nie etwas gewußt!‹ In vielen Varianten rollt dieses Drama im Menschen ab. Er möchte nur seinen Vorteil haben; ›der andere‹, redet er sich ein, ›ist doch nur auf seinen Vorteil bedacht.‹

Das Dämonische ergreift vom Menschen Besitz, das Destruktive, der Hang zum Chaos. In der Systematik der Sephirot (siehe S. 217) erscheint die sechste Sephira unter der dritten; wie wir bei Tiferet den Zwillingscharakter, das Destruktive gegenüber der Harmonie, gesehen haben, so finden wir den Zwilling auch bei Jesod. Das Dämonische ist pervers, richtet sich gegen den Weg, der nach Hause führt. Im Dämonischen drängt es immer weiter, man glaubt, man komme schon durch. Etwas Unverständliches, Flackerndes beherrscht dann den Menschen. Es ist der Nährboden für Fanatismus und Sektierertum. Man möchte etwas perfekt *hier* erreichen, sei es im politischen, wissenschaftlichen oder religiösen Bereich.

Die siebte Sephira, »malchut«, »Reich«, ist die Wirklichkeit, in der wir leben. Was ist Wirklichkeit? Was bedeutet die konkrete Welt? Wir erleben sie wie das Fließen des Wassers: als Fließen der Zeit. Das alte Hieroglyphenzeichen für die 7 — im Hebräischen das Zeichen Sajin — zeigt das Schiff mit dem Ruder*. Das Schiff fährt auf der Zeit, unser Ich wird von der Zeit getragen. Das Individuum — wörtlich: das Nicht-zu-Teilende — fährt auf der Zeit. Es ist auch das »Totenschiff«, das den Menschen hinüberbringt.

Was wir unser Leben hier, unsere Wirklichkeit, das Konkrete nennen — von der anderen Seite aus ist es eine Schattenwelt, eine Unterwelt. Alles Schöne und Erfreuende ist etwas, das »passiert«; es begegnet und geht wieder weg. Es ruft Trauer oder Angst hervor; Trauer, weil alles vorbeigeht, Angst, weil wir nicht wissen, was kommt. Aus dieser Sicht ist unser Leben wie eine Flucht vor uns selbst. Gleichzeitig aber haben wir — wie Jonah seinen »Auftrag« hat — eine Sehnsucht zu erfahren, wer wir sind und wozu wir da sind.

Im Verhältnis des 7-ten bedrängen uns im Traum wie im Leben die Fragen: ›Wer bin ich? Was geschieht mit mir? Was ist meine Zeit?‹ Die Zeit, die Wirklichkeit hier — ist sie vielleicht doch entscheidend wichtig? — In vielen Mythen, Mär-

* Das Z unseres Alphabets basiert auf dieser Hieroglyphe; es zeigt gleichsam ein von Rudern bewegtes Schiff. Vgl. dazu F. Weinreb, »Buchstaben des Lebens«, Freiburg 1979; »Wunder der Zeichen — Wunder der Sprache«, Bern 1978.

chen und Legenden wird vom Fisch erzählt, der den Ring verschluckt. Wenn er dann aus dem Element geholt und geöffnet wird, zeigt sich als Überraschung der Schatz. Was in der Zeit »verschluckt« wird, offenbart sich am Ende als erlösend.

Das 7-te enthält, wie wir wissen, das Erlebnis des Weges, die Sehnsucht des Weges, der uns ans Ziel bringt, ohne daß wir »zielen« müssen. Als wir vom Bogenschießen im Zen sprachen, haben wir gesehen, daß das Zielen eigentlich ein Zwang ist. Wir hoffen doch auf ein Leben ohne Zwang. Wenn das Erreichen-müssen gilt, wird alles ein Geschäft: Leistung gegen Leistung. Warum trifft der Zenmeister im Dunklen? Weil er eins ist mit dem Ziel. Du bist es auch, nur glaubst du nicht daran. Du glaubst, du müßtest zielen, wenn du aber zielst, kommst du in Zwang, und unter Zwang geht's daneben.

Liegt ein Brett auf dem Boden des Zimmers, geht man absichtslos von einem Ende des Brettes zum anderen. Liegt das gleiche Brett über einem tiefen Abgrund, dann ist man beim Gehen erfüllt von der Absicht, nicht hinunterzufallen. Man zielt, es wird einem schwindlig, man gerät ins Wanken. — Du könntest deinen Lebensweg absichtslos und voller Freude über die Begegnungen gehen, brauchtest keine Angst zu haben.

Die 7-te Phase im Menschen kennzeichnet eine

merkwürdige Dualität. Es ist dieselbe Gegenbewegung, die wir schon beim astrologischen Zeichen für Fische gesehen hatten: *Zwei* Fische, einer nach rechts und einer nach links schwimmend. Das Zeichen Sajin, die 7, zeigt eine Trennung: Das Jod hat die Verbindung, die beim Waw, der 6, noch bestand, verloren (vgl. dazu F. Weinreb, »Buchstaben des Lebens«, Freiburg 1979). Im 7-ten herrscht das Nicht-Bewußte, das Bewußte ist im 6-ten und bringt dort auch die Gefahr, weil wir bewußt nach Vollkommenheit streben können. Im 7-ten sollen wir es *sein* lassen. Sobald du etwas zwingen willst, gehst du und das andere zugrunde. Laß es sein, dann fährt das Schiff schon.

Die siebte Sephira bringt uns die Traumbegegnung mit David, der ständig im Kampf steht. Wenn wir das Geschehen um David als Traumbild erfahren, also mit allen Facetten, mit allen Möglichkeiten unseres Lebens, dann beginnt es zu leuchten und zu leben; sehen wir es nur in seiner Konkretheit hier, ist es bald langweilig, ungereimt, voller Widersprüche.

Im 7-ten lebt der Mensch in allen 7 Sphären zugleich, vom Ursprung bis zum Weg und einschließlich des Weges. Das ist seine Wirklichkeit. Läßt er diese Wirklichkeit nicht *sein*, dann meldet sich der Zwang im Traum als Angst vor der Zeit oder Druck der Zeit oder Problematik in der Begegnung.

Indem man zwingt, sucht man den Erfolg. In den alten Geschichten taucht immer wieder das Motiv des Glücklichen, Erfolgreichen auf, der gemieden wird, weil er ständig nur Erfolg hat. So etwas erträgt man nicht, man fühlt dabei etwas Dämonisches. Im Erfolgsstreben spiegelt sich eine falsche Vorstellung von der Welt, es ist nicht menschlich. Das Geschehen der Erlösung ist keine Erfolgsgeschichte.

Wir kennen die Sephirot in ihrer 7-heit. Wir wissen aber auch vom 8-ten. Gibt es im Traum auch eine Begegnung mit dem 8-ten? Im jüdischen Brauch wird am Ende des 7-ten Tages, wenn nun das 8-te kommen sollte — es kommt aber wieder das erste, denn die Woche ist eine 7-heit —, am Ende des 7-ten Tages also wird gesagt: »Gelobt der, der dem Propheten Elia im Traum begegnet.« Vom Typus der Elia-Träume habe ich schon gesprochen.

Elia ist der Vorläufer, der Verkünder des Erlösers. Er bringt die überraschende Wende, wie aussichtslos die Lage auch scheinen mag. Diese Wende kommt gegen das Gesetz der Kausalität, ja, sogar gegen unsere Erwartung, gegen unsere Hoffnung. Die Hoffnung hat noch eine Art Maß im Menschlichen. Die überraschende Wende aber ist viel mehr als du je erhoffen könntest. Wenn sie eintritt im Traum, kann man gleichsam nur noch sagen: »Es ist zum Lachen!« Und diese Wendung ist, wie Sie schon wissen, die Übersetzung des Namens Jizchak (Isaak).

Jizchak steht im Zeichen des 8-ten. Er verkörpert das, wovon du glaubst, es könne nie möglich sein. Deshalb gibt es für die Erlösung keinen Maßstab, also auch nicht das Maß der Erwartung oder Hoffnung. Erlösung geschieht im Unermeßlichen. Es gibt im Leben die Kraft eines Momentes, eines Verhältnisses, die derart überraschend wirkt, daß sie nur eine Art Kurzschlußlachen hervorbringt. Dann, heißt es, bist du Elia im Traum begegnet.

Eine achte Sephira gibt es nicht. Über Malchut, dem 7-ten, dem Reich oder auch dem Königreich, steht, an der Seite des Nichts, »kether malchut«. »Kether« heißt Krone; die 8-te Situation ist also die Verbindnung des Nichts, des Jenseitigen, des Nichtwirklichen mit unserer Zeit und Wirklichkeit. Das 7-te heißt Königreich, weil es schon sicher ist, daß die Krone kommt. Wir aber leben fortwährend im Glauben, diese Verbindung mit irgendwelchen Leistungen und Bemühungen erreichen zu müssen.

Aus der Sicht des Himmels — heißt es — zählt dein Leisten nicht. Gott antwortet doch Hiob und sagt, daß all das, was er mit seinen Freunden geredet hat, nicht zählt, daß also mit dem Maßstab des Irdischen die Verbindung zum Himmel nie zu erreichen ist.

Weder kannst du es erzählen noch zählen noch

berechnen — es ist das ganz Andere. Daraus aber lebt der Mensch gerade, aus der Kraft des 8-ten, des Gesalbten. Weil das 8-te in ihm ist, kann er dieses unzumutbare Leben ertragen; die 7-heit *mit* dem 8-ten gibt ihm die Kraft. Was wir die überraschende Wende nannten, ist gleichsam im Menschen eingebaut; es ist sein Weg, und er hört dann die Wahrheit unvermeidlich. Wir kennen die Worte: »Ich bin der Weg, die Wahrheit und das Leben.«

Das 8-te ist im Traum eine wichtige Angelegenheit; der Mensch träumt überhaupt aus dieser Acht. Der Traum eben kennt das nach Erwartung und Hoffnung unmögliche Durchbrechen. Oft sagt man dann bedauernd: »Schade, es war nur ein Traum!« Andere Träume wiederum bringen genau das Gegenteil erlösender Überraschung. Alles sieht gut aus, plötzlich aber verwandelt es sich in Spuk, und du fällst in einen Abgrund, gehst unter: eine Überraschung von der Gegenseite.

Was ist die Gegenseite? Wie gewinnt sie Herrschaft? Eine alte Geschichte erzählt davon. König Salomo, so heißt es, besaß einen Ring, in den der Name Gottes eingraviert war; daher kam unter seiner Herrschaft das Wunder des Tempelbaus zustande. Der Teufel, den er gebunden hatte, steht ihm gegenüber und sagt: »Du hast ein Reich, du hast den Tempel, alles gehorcht dir, selbst ich muß es. Gib mir doch einmal — nur für eine Sekunde

— deinen Ring. Was soll schon geschehen, ich bin doch gebunden.« Salomo streift den Ring ab und gibt ihn für einen Augenblick aus der Hand. Der Teufel nimmt ihn und wirft ihn sofort weit weg; und der Ring versinkt, wie im Midrasch erzählt wird, im Meer. Der Teufel aber setzt sich auf den Thron des Königs, des Sohnes Davids, und alle dienen ihm.

Salomo erlebt nun einen Alptraum. Keiner erkennt ihn mehr. Alle halten den, der auf dem Thron sitzt, für den König von Israel. Man identifiziert den Thron, die Position mit dem Menschen. Israel dient dem Teufel, der nun regiert. Bald läßt Salomo davon ab, die Menschen überzeugen zu wollen, daß *er* der König ist. Er irrt durch die Welt und schreibt, wie die Überlieferung berichtet, das Buch Prediger, das von der »Eitelkeit der Eitelkeiten« erzählt. ›Glaubt mir‹, sagt er dort, ›ich war König zu Jerusalem, alles ist eitel, nichts taugt, die ganze Welt ist nichts wert.‹

In den Irrfahrten seines Alptraums muß Salomo immer wieder erfahren, daß man ihn nicht erkennt. Endlich verdingt er sich beim König eines fernen Landes als Koch. Und Koch bedeutet doch: Er bereitet den Menschen die Speisen, die Begegnungen zu. Die Tochter des Königs aber erkennt ihn, liebt ihn und möchte ihn zum Mann. ›Ein Koch!?‹ sagt der Vater, ›schlag dir das aus dem Kopf, sonst lasse ich ihn töten.‹ Da fliehen

Salomo und die Königstochter gemeinsam und irren weiter durch die Welt. Da geschieht es einmal, daß Salomo einen Fisch zubereiten soll. Als er ihn aufschneidet, findet er im Innern des Fisches seinen Ring wieder. Und im gleichen Moment sitzt Salomo wieder auf dem Thron in Jerusalem, der Teufel aber ist wieder gebunden in der Ecke.

Das also ist die Geschichte der Gegenseite: das Durchbrechen des Teufels. Im Alptraum begegnest du dieser Gegenseite. Es will sagen: Der Teufel möchte dich gern besitzen, kann es aber nicht; daher belästigt er dich im Traum. Solche Alpträume haben also nichts mit irgendeiner »Schuld« des Menschen zu tun. Sie zeigen dir aber die Kraft der Gegenseite, der du fortwährend konfrontiert bist. Sie erinnern dich gleichsam an die Geschichte Salomos, die sich in den anderen Sphären immerwährend abspielt.

Gerade die Zaddikim, heißt es, die »Bewährten«, haben böse Träume, damit die Welt von diesem schlimmen Geschehen erlöst ist. Niemals soll man, wenn man böse Träume hat, nach einer Ursache oder Schuld in sich suchen. Das einzige, was man sich als Schuld anrechnen könnte, wäre ein Unterlassen der Fragen: Wozu lebe ich? Wozu lerne ich? Wozu übe ich meinen Beruf aus? Wozu das alles?

Das Herausbrechen des Satans, des Hinderers, das auch in den Offenbarungen des Johannes erzählt wird, bedeutet: Es kommt noch eine Konfrontation. Man sagt, wenn du glaubst, irgendein Moment des Lebens sei nicht wichtig, dann gibst du, wie Salomo, den Ring ab. *Alles* ist wichtig. Schon das Erwägen, etwas könne weniger wichtig sein als das andere, bringt die Gefahr, daß dir genommen wird, worin du im Bilde Gottes bist. Hebräisch »taba-at«, »Ring«, kommt vom Wort »teba«, »Natur«. Legst du diese göttliche Natur auch nur für einen Augenblick ab, wird sie dir schon genommen.

Seiner Natur nach ist der Mensch göttlich. Du sollst deiner Natur nach leben, *ganz* bleiben, nichts abtrennen. Auch Freud und die Psychologie nach ihm haben doch herausgefunden, daß das Kleinste, das Unscheinbarste lebenswichtig ist und z. B. die Quelle folgenreicher Fehlentwicklungen sein kann.

Das Tun des Menschen kommt nicht aus sinnloser Willkür. Es tut sich in einer Art Handschrift. Der Gang deines Lebens zeigt deine Struktur: So bist du. Gibst du im Tun oder Denken für den Bruchteil eines Moments deine Natur auf, kann es sein, daß du lang umherirren mußt. Du kommst zurück, aber es kann endlos lang dauern. Und im Irren sagst auch du dann »Eitelkeit der Eitelkeiten«, erlebst dieses sehr merkwürdige Buch Prediger.

Man könnte sagen, ein Depressiver hat es geschrieben, einer, der keine Lust zu leben mehr hatte. Als wollte er die Leute ärgern, indem er alles Nichtige zusammentrug. Dieser Depressive lebt auch in uns, ist eine Facette von uns. Er gehört zum Ganzen, wir können ihn nicht loswerden.

Wir werden nun von den Menschen sprechen müssen, die in ihrer unterschiedlichen Art der Begegnung im Traum den Sephirot entsprechen. So werden wir erfahren, was das Erscheinen des jeweiligen Menschen im Traum bedeutet. Auch den Tieren und den Dingen im Traum begegnen wir wieder, dann aber aus der Sicht des Menschen.

Einundzwanzigstes Kapitel

Der unerwartete Durchbruch · Isaak und die »akeda« · Der Streit um die Brunnen · Das Weinen Leas · Die Zwillinge im Kampf · Der Begriff der Rache · Mose und Aaron · Joseph und David

Menschen, denen wir im Traum begegnen, drücken, wie wir gesehen haben, bestimmte Typen aus; wir erleben sie in bestimmten Verhältnissen, den Sephirot. Nach diesen Bildern kann ein Traum dann auch gedeutet werden.

Chessed, die erste Sephira, also das, was man mit Liebe, Güte, Gnade übersetzt, ist eigentlich ein Anfang, der aus dem Nichts kommt. Etwas ganz Neues — wie mit der Schöpfung — beginnt aus dem Nichts. Von diesem Erscheinenden gibt es keinerlei kausale Verbindung zu etwas — wenn auch nur gedachtem — Vorhergehenden; es geht eben nichts vorher, vorher ist das Nichts.

Die schenkende Liebe des Anfangs ist ein unerwarteter Durchbruch. Und der Mensch lebt auch im Bild dieses Durchbruchs, enthält auch diesen Typus, weiß ihn in seiner Umgebung. Er erwartet, daß jemand ihn grundlos liebt, ihn liebt, ohne daß er einen Anlaß dazu gibt. Eine solche Zuwendung ohne Ursache nennen wir auch Gnade.

Der Mensch also kennt in seiner Umwelt oder weiß in seiner Phantasie jemanden, von dem Chessed ausgehen könnte. Im Bild dieser Sephira steht die Person Abrahams (siehe auch die Übersicht auf S. 219). Abraham ist der Typus in uns, von dem erzählt wird, daß er die Verbindung zu Gott findet ohne Lehrer, ohne Anleitung, ohne Vermittlung, ohne Ursache. Das ist unsere Beziehung zu Abraham; wenn wir ihn historisch herausfinden und einordnen wollen, werden wir ihm nie begegnen.

Nach einem alten Sprichwort erkennt man Abraham erst, wenn man 50 Jahre alt ist. Das bedeutet: In der 7 mal 7 herrscht noch gleichsam die Logik des Weges; im 8-ten aber ist das Durchbrechen, geschieht's unvermittelt. Für das Ereignis Chessed steht daher die 50.

Von Abraham wird gesagt, er finde Gott als »Gott des Himmels und der Erde«, erfahre ihn als Offenbarung, nicht in der Art einer Lehre oder durch einen Lehrer. Darin erweist sich Chessed: Du erfährst es als Einbruch, nicht durch Belehrung oder Studium oder viele Kenntnisse.

Chessed bringt aber auch die Erfahrung der Gegenseite mit sich, denjenigen, der sagt: ›Ich akzeptiere das nicht, das so unvermittelt aus einer anderen Welt einbricht. Ich kann nur akzeptieren, was mir erklärbar ist, was im Kausalen gilt.‹ Das ist Nimrod in uns, der Jäger, Abrahams Gegenspieler.

Der braucht immer etwas sich gegenüber, das davonläuft, damit er die Freude des Fangens haben kann.

Das Bild der Jagd gilt für viele Bereiche des Lebens. In der Wissenschaft z. B. jagt man einer Theorie, in der Religion einer theologischen Anschauung, in der Wirtschaft einem System, in der Kunst ästhetischen Begriffen nach. Nimrod macht sich Bilder. Bilder sind erstarrte Ansichten, Hartgewordenes, das nicht mehr fließen läßt. Deshalb ist Nimrod auch der große Diener der Götzen, wie es heißt.

Nimrod erträgt den Abraham nicht. Auch das könnte man im Traum erfahren, dieses eifersüchtige Verfolgen der Chessed, das Vernichtenwollen. Als Verfolgter wie als Verfolger kannst du das Verhältnis Chessed erleben.

Sie wissen doch, wie es z. B. in der Wissenschaft zugeht. Wird da eine Theorie mit Quellennachweisen und vielen Fußnoten aufgestellt, so ist das normal und in Ordnung. Wenn nun aber einer kommt und sagt: ›So und so ist das, das spüre ich, mich kümmern Nachweise nicht‹, dann zieht er damit den Angriff förmlich auf sich: ›Wie kannst du das beweisen? Wieviele Leute hast du hinter dir, die dir Recht geben?‹ Der Angriff kommt aus derselben Sphäre, Abraham und Nimrod gehören zusammen.

Mit Abraham als Entsprechung der ersten Sephira ist zugleich auch der ganze Personenkreis gemeint, mit dem er in seiner Zeit zu tun hatte. Eine Fülle von Menschentypen bevölkert die erste Sephira; entsprechend vielfältig können die Begegnungen im Traum sein. Denken Sie etwa an Haran, Abrahams Bruder und Lots Vater. Der Midrasch erzählt, daß Nimrod den Abraham in einen Kalkofen werfen läßt, weil er sich seiner Welt der Beweise nicht fügen will. Das Feuer aber kann Abraham nichts anhaben, er bleibt unversehrt. Das sieht sein Bruder Haran und denkt: ›Großartig! Ich bekenne mich zum selben wie mein Bruder!‹ Auch er wird in den Ofen geworfen und — verbrennt. Warum? Man antwortet: Weil er wußte, daß er leben bliebe; weil er es um des Erfolges willen tat. Abraham wußte nichts, vertraute nur, deshalb blieb er am Leben.

Wer an Gott glaubt, weil er sich damit zu denen gehörig weiß, die gerettet werden, geht unter. Abraham steht in vollkommener Einsamkeit, weiß nichts, kennt keine Sicherheit für sein Handeln. Eine alte Geschichte überliefert eine Art Zwiegespräch, das Abraham mit seiner verstorbenen Frau Sara führt, als er sie in der »machpela«, der Höhle in Hebron, begräbt: ›Was habe ich dir eigentlich geben können? Gott versprach mir, daß ich dieses Land besitzen solle, und jetzt muß ich wie ein Fremder den Begräbnisplatz kaufen. Und meinen Sohn mußte ich zum Berg Moria bringen, und deshalb bist du gestorben. So viel wurde versprochen, und nichts stimmt. 400 Schekel Silber muß ich obendrein noch bezahlen, damit ich dich überhaupt begraben kann.‹

Darin zeigt sich die Einsamkeit Abrahams: Nichts stimmt, nichts klappt. Erst wird der Sohn versprochen, und wenn er dann da ist, wird er zurückgefordert. Welch ein Widerspruch! Aber der Mensch im Verhältnis Chessed resigniert nicht, denn er überliefert sich nicht der ermüdenden Jagd des Alles-verstehen-Wollens. Er bezeugt mit seinem Leben die Existenz der anderen Dimension. »Kinder Abrahams« bedeutet Kinder dessen, dem nichts bewiesen wird, der keine Rechthaberei kennt, der selber verzweifelt, dennoch immer glaubt und vertraut und alles so annimmt, wie es kommt. Ein Traum, in dem eine Person — sei es der Vater, ein Freund oder Bekannter — in welcher Situation auch immer uns diesem Gefühl begegnen läßt, erhält seine Deutung von der ersten Sephira, der Welt Abrahams.

An zweiter Stelle, auf der linken Seite, folgt Gewura. Wir übersetzen diesen Namen mit den Worten »Kraft«, »Gesetz«. Gemeint ist nicht das Gesetz, das Zwang und Knechtschaft erzeugt, sondern das erhaltende Gesetz, das dem Menschen das Gefühl der Gerechtigkeit gibt, die Empfindung, daß es stimmt. Der Anfang schenkender Liebe erhält durch die Kraft der Gerechtigkeit Bestand.

An dieser Stelle steht die Person und die Welt Isaaks. Isaak ist doch die Frucht von Chessed, kommt gegen jede Erwartung zustande. Aus der Sephira Abrahams stammend, entspricht er der Seite von Gesetz und Gerechtigkeit. Die Welt funktioniert jetzt, wie sie funktionieren soll. Man hat nun das Gefühl, daß man mit der Welt rechnen kann. Beharrlichkeit und Kontinuität stellen sich ein.

Mit der Gerechtigkeit ist es merkwürdig bestellt. Aus Isaak nämlich kommen Zwillinge, Jakob und Esau, die im Widerspruch zueinander stehen. Isaak liebt den Esau. Warum gerade Esau? Die Antwort ist: aus Gerechtigkeit.

Denn Esau hat es nicht leicht in der Welt. Er leidet unter der Welt. Äußerlich geht es ihm ganz gut. Er wohnt in Seir, Könige und Fürsten entstammen seinem Geschlecht, er ist reich und wird nicht angegriffen. Aber er leidet entsetzlich; man sagt: weil er ein Jäger ist. Fortwährend muß er das Tier jagen, kann es aber nicht fangen. Er jagt, heißt es, etwas, das gar nicht fangbar ist. Erst wenn Jakob den Segen erhält, wird gesagt, bietet das Tier sich ihm förmlich zum Fang an. Da aber, könnte man sagen, ist es schon zu spät.

Esau leidet unter dieser Welt, weil er von der Seite des Rationalen, des Eindeutigen ist. Und dieses Leiden und sein wirkliches Weinen machen, daß Isaak um der Gerechtigkeit willen gerade ihn liebt. Es geschieht aus demselben Gefühl heraus, das Eltern für ein Kind hegen, das krank, unansehlich oder verkrüppelt ist. Gerade das erweckt die Beziehung, Liebe zu schenken. Man spürt eine Verbindung, denn das Kind drückt aus, was wir auch spüren: Eigentlich ist doch alles ungerecht. So ruft es, was auch ich zeigen möchte, daß es mir geschieht, unmittelbar hervor: Mitleid.

Von der Seite Isaaks her, erzählt die Überlieferung, kommt dir die Begegnung mit dem Menschen, der dir ein guter Lehrer ist, der dir zeigt, daß es in Ordnung ist, daß es auch stimmt in der Welt. Mit Isaak geschieht, wie Sie wissen, etwas ganz Besonderes. Sein Leben wird mit dem Begriff der »akeda« identifiziert, der »Bindung«. Beim »korban«, dem also, was man dann sehr unzulänglich im Deutschen mit »Opfer« wiedergibt, werden die 4 Gliedmaßen des »Tiers« zu *einem* gebunden. Bleibt die 4-heit, die Kausalität, ungebunden, dann kommt es zu einer Vielheit ohne Grenzen, zu nie endender Spezialisierung.

Die Fülle in der Welt, die Zukunft, die Gott dir schenkt, bekommt erst Sinn, wenn die 4 zur 1 gebunden wird, wenn die 4 mit der 1 zusammenkommt. Wie ein Tod der 4 sieht die »akeda« aus, während die 4 doch erst durch die 1 wirkliches Leben erhält. Daher wird dann erzählt, daß in dem Moment, in dem Isaak auf dem Berg Moria geopfert werden soll, die Stimme Gottes ertönt:

›Tue das nicht!‹ und hinter ihm erscheint der Widder, das Lamm.

Im Urtext heißt es »hinter ihm verfangen im Gestrüpp; das Lamm also, das hinter Isaak steht, bedeutet: Es war schon immer da; schau zurück zum Ursprung, seit Anbeginn ist es da. Und wenn es gefunden wird, *lebt* Isaak.

Eine Überlieferung sagt: Er stirbt. 37 Jahre war Isaak bei der Opferung, und ist dann für drei Jahre im Garten Eden. Mit 40 also, nach dieser 3-heit, kommt er zurück. Er schaute in den Himmel, heißt es dort, und konnte danach die Proportionen auf Erden nicht mehr recht erkennen. Andere Mitteilungen sagen, er war tatsächlich im Himmel und kehrte dann auf andere Art zurück.

Zum Rationalen gehört immer die »akeda«; ohne sie führt das Kausale in den Wahn, auch in den Wahnsinn, führt zur idée fixe. Hie und da sucht man etwas festzuhalten, läßt etwas erstarren; man geht in der Vielheit unter.

Es gibt nun aber auch die Seite, die Isaak um die »Bindung« beneidet. Davon erzählt die Bibel in der Geschichte des Streites, den Isaak mit Abimelech, dem König der Philister, um die Brunnen hat. Was ist ein Brunnen, eine Quelle? Ein Zeichen für die Herkunft aus dem Verborgenen. Wenn das Wasser dann als Bach oder Strom fließt, kann man es zu allerlei benützen. Wo aber kommt es her? Aus der Erde, sagen wir. Es gibt Adern in der Erde, wie im Menschen Blutgefäße. In den Adern der Erde sind Metalle, Öl und eben auch das Wasser.

In unserer zeiträumlichen Welt ist ein Brunnen die Entsprechung für das, was dir hier Leben gibt. Du brauchst Wasser zum Leben, du brauchst Zeit. Es heißt, daß diese Brunnen, von denen in Gen. 26 erzählt wird, schon Abraham gegraben hatte. Denn Abraham in der Sephira der Chessed kannte die Quellen; er wußte, daß sie von der anderen Seite, vom Jenseits kommen. Diese Quellen nun hatten die Philister zugeschüttet (Gen. 26, 15); sie wollten die jenseitigen Quellen nicht wahrhaben, wollten alles selber machen, konnten es einfach nicht ertragen, daß etwas aus dem Unbekannten herkommt.

Als nun die Knechte Isaaks die Brunnen wieder aufgraben, kommen Abimelechs Knechte und sagen — wie erklärt wird —, das seien *ihre* Quellen, *sie* hätten sie entdeckt. Abimelech und seine »Knechte« — die nämlich, die *tun*, was er *möchte* — verkörpern die Welt der Kausalität. Sie läßt nur gelten, was erklärt werden kann, sie kann auch nur so weit bestehen, wie das Erklären reicht. Die Überlieferung erzählt, daß bei Abimelech, als er Sara beiwohnen will (Gen. 20), »der Kreislauf« plötzlich nicht mehr funktioniert. Abimelechs »Krankheit« ist, daß in dem Moment, wo er sich dem Anderen, dem Jenseitigen zuwendet — Sara ist doch die Frau aus dem Jenseitigen —, all das, was sonst funktioniert, nicht mehr funktioniert; er glaubt, Gesetz sei etwas, das *immer* hier gelte. Gesetz aber besteht hier nur, weil seine Entsprechung die Freiheit in der Chessed jenseits ist; sonst wäre Gesetz sinnlos. Die Quellen, die Brunnen kommen mit Isaak.

Die Traumbegegnung mit Abimelech und seiner Welt bedeutet, daß dir jemand einredet, auch die Quellen kämen aus dem kausal Bedingten und sie damit zuzuschütten sucht. In unserer Zeit könnte es ein Wissenschaftler sein, der nur das rational Erklärbare anerkennt und lehrt; »Seele« anerkennt er nur insofern, als er auch dort Gesetzmäßigkeiten finden kann. Das Unerwartete ist sehr störend, er akzeptiert es eventuell als sogenannten »Restfaktor«. Man arbeitet gern mit dem Gesetzmäßigen und geht gern von der Annahme aus, daß man überall — ginge man nur weit genug — Gesetzmäßiges fände.

All das will sagen: Du erträgst bei dir selbst nicht die Dimension der Überraschung, die Liebe ohne Grund, ohne Absicht. Etwas im Menschen will das nicht zulassen. Lieber möchte man der Norm entsprechend handeln, man fürchtet sonst Schwierigkeiten. Oft fühlt der Mensch sich wohl, wenn er ist wie alle anderen, trägt zugleich aber auch das Elend der anderen, das Esau-Elend, mit dem Isaak dann Mitleid hat.

Begegnet dir also ein Lehrer im Traum, dann

frage dich: Welcher war es? Der dir schöne Geschichten erzählt und dich damit überrascht? Oder ein Strenger, Prüfender? Welchen Typus repräsentiert er? Kennt er die »akeda«?

Der Streit um die Brunnen endet damit, daß Abimelech sie als Besitz Isaaks anerkennt. Der Grund ist die »akeda«. Die Quellen kann man im Rationalen erst finden, wenn die Bindung der 4 geschieht, wenn man spürt, daß der Sinn des Lebens nicht im In-der-Zeit-weitergehen, im linearen Weitergehen besteht. Das ist auch die Bedeutung des Kreuzes: Die 4 mit dem Einen; die Einheit bindet die 4, wird selbst gebunden durch die 4.

Sie erinnern sich, daß wir anläßlich der Begegnungen mit Tieren im Traum auch von der Kausalität gesprochen haben, aber in ganz anderer Weise. Der Hund, sagten wir, entspricht der Kausalität, insofern er dir treu ist. Denn das Kausale ist gern bei dir. Greift der Hund dich an oder beißt er dich, dann deutet man: Die Kausalität stört oder verletzt dich, du erträgst die Logik nicht. Das kann, je nach der Lebensweise des Träumers, gut oder schlecht sein; es ist jedenfalls ein Angriff von der Kausalität her.

In der Traumbegegnung mit dem Tier also fragt man: Was tut es, wie verhält es sich zu dir? Begegnet dir dagegen ein Mensch im Traum, fragt man nach dem Typus: Ist es Isaak und seine Welt? Oder die Welt des Abimelech?

Ist es Isaaks Schicksal, daß er diese beiden Söhne hat? Seine Frucht ist ein Widerspruch. Und eigentlich lenkt es der Himmel, daß er den »falschen«, nämlich Jakob, segnet. Nach Gerechtigkeit hätte er — und das hat er gewissermaßen auch — den Esau segnen müssen. Isaaks Liebe für Esau ist richtig nach Gerechtigkeit, die Maßstäbe des Himmels aber sind anders.

Die Traumsituationen mit Menschen ordnet man zuerst den Sephirot zu, dann läßt sich deuten. Und die Deutung ist wie ein Spiegel, der dir dein Leben zeigt. Der Traum spiegelt dein Leben mit deinem Wach-Leben; Traum und Wachsein zusammen zeigen dir, was dein Leben ist.

Als dritte Sephira kennen wir Tiferet, die Harmonie. Im Menschen zeigt sie sich als Zwillingspaar Jakob/Esau. Es ist keine Harmonie, die in Ruhe besteht. Nach den alten Mitteilungen hätte es eine Harmonie in Ruhe sein können, denn eigentlich sollten nicht Jakob und Esau, sondern Jakob und David geboren werden. Weil aber am dritten Schöpfungstag die Trennung der Bäume — der des Lebens und der der Erkenntnis von Gut und Böse — erfolgt und mit dieser Trennung die Schlange in die Welt kommt, wird nicht David, sondern Esau geboren. Deshalb — so die Überlieferung — hat Lea auch kein so angenehmes Aussehen. Die Schwestern Rahel und Lea waren nämlich für die Brüder Jakob und David bestimmt;

Lea weiß das, und als sie nun Esau bekommen soll statt des Königssohnes David, ist sie sehr enttäuscht und weint. Daher, wird gesagt, habe sie dieses Aussehen bekommen. Wie man im Haus nicht gern eine weinende Frau hat, so hat man im Leben nicht gern das Weibliche, die Umhüllung, diese Welt um sich herum, die fortwährend Depressives, Pech, Katastrophen und Negatives zeigt. Das nennt man das Weinen Leas, die den David hätte bekommen sollen. Die Welt wäre dann schon erlöst worden. So aber kommt es, daß Laban dem Jakob seine ältere Tochter Lea unterschiebt. Damit hat Jakob zwei Frauen, also auch die von der Esau-Seite. Der Kampf geht weiter und setzt sich dann in den Stämmen fort.

Warum aber, könnte man fragen, ist die Erlösung mit David nicht schon in der dritten Sephira? Damit du den *langen* Weg hast. Durch das Böse gerätst du in tiefe Verbannung, damit du von den Tiefen her den Weg gehen kannst. Das Unerfüllte ist, damit Erfüllung kommen kann. Es kommen die Krankheiten, damit du Heilung erleben kannst. Die Freude besteht im Werden, im Heranwachsen.

Im Verhältnis Tiferet begegnet dir im Traum keine eindeutige Person, sondern das Zwillinghafte. Im Menschen selbst lebt Esau, der Jäger, der glaubt, er müsse es fangen und daher immer Tod sieht und viel Leid erfährt; und es lebt im Menschen Jakob, der zu Hause ist, die Sicherheit des Geborgenen kennt. Beide kämpfen im Menschen miteinander. Glaubt der Mensch, jetzt habe er's verstanden und durchschaut, jetzt *sei* es, dann kommt doch wieder die Zeit, wo er meint, er müsse es noch beweisen, sehen, was die Welt dazu sagt. Dieser Zwillingcharakter gehört zum Menschen.

Es ist derselbe Zwillingcharakter, der die beiden Bäume kennzeichnet. Uns erscheinen sie im Gegensatz, obwohl sie doch durch *eine* Wurzel verbunden sind: der Baum des Lebens, der Sein und Werden in einem enthält, und der Baum der Erkenntnis, der nur das Werden hat. Der Mensch aber trennt die Wurzel, er macht eine Unterscheidung, er sagt: ›Entweder-oder‹, und das bringt den Esau hervor. Das Bedürfnis nach kausaler Erklärung wird dann tatsächlich sehr stark; es soll doch stimmen.

Die Vorstellung, daß es hier stimmen müsse, bedeutet: Esau siegt und unterjocht den Jakob. Jakob aber siegt über Esau, wenn du akzeptierst, was *ist*, dich freust an allem, was dir begegnet, und dafür dankst, weil du weißt, daß es im Grunde stimmt. Denn die Vielheit ist es doch auch, die die Welt bestimmt; im Zusammen der verschiedenartigen Organe lebt der Mensch. So verhält es sich auch mit dem Schicksal. Nur der Ungeduldige, der Jäger im Menschen besteht darauf, daß in jeder Phase das Ganze stimmend erscheinen *müsse*.

Abraham, der »Vater des Glaubens« genannt

wird, hat, wie die vielen Geschichten des Midrasch erzählen, ein sehr wechselvolles Schicksal. Verfolgt wird er schon vor seiner Geburt sozusagen. Nimrod will sein Geboren-werden verhindern. Als kleines Kind dann wird er versteckt gehalten; er muß später fliehen und in einer Höhle leben. Aus irdischer Sicht stimmte es in seinem Leben gar nicht. Aber gerade er ist der Fürst des Glaubens, weil er gelten läßt, was kommt, weil er nicht Beweise sucht, um glauben zu können, sondern vertraut, was immer auch geschieht. Abraham ist die Überzeugung im Menschen, daß es gut ist.

Im Zwillingspaar Jakob/Esau verkörpert sich der Typus des Kampfes im Menschen. Eine Traumbegegnung wird nach der dritten Sephira gedeutet, wenn es sich um einen Menschen handelt, der dir diesen Kampf bringt; es kann sein, daß er dich von der Seite Esaus angreift, oder dir die Freude bringt, daß Jakob ja auch immer da ist.

An der Stelle der vierten Sephira Nezach, Sieg, steht Mose. Wie Abraham ist er auf der rechten Seite, von der das ganz Unerwartete, die Überraschung kommt. Rechts finden wir auch Chochma, die zweite der drei »oberen« Sephirot vor der Schöpfung*. Dieser Name, üblicherweise, aber un-

* Eine Übersicht über die Sephirot, die 22 Buchstaben und die 32 Wege, die in ihrem Zusammenhang die Grundstruktur der Welt und des Menschen andeutet, findet sich in F. Weinreb, »Leben im Diesseits und Jenseits«, Zürich 1974, S. 54.

zulänglich, mit »Weisheit« übersetzt, könnte als »Wille Gottes zur Schöpfung« umschrieben werden. Chochma steht auf der Seite der Überraschung und ist als Inbegriff des Unerwarteten überhaupt zu deuten. Die drei oberen, den 7 Sephirot vorangehend, sind:

	1	
	Kether	
3	»Krone«	2
Bina		Chochma
»Mutter«		»Wille zur Schöpfung«

Chochma ist jene Potenz, wodurch in der Welt Liebe, Leben und Dasein überhaupt möglich ist. Sie entspricht dem rücksichtslosen und bedingungslosen Geschenk — was immer auch geschehen mag. Es ist die Freude, daß das Sein sein kann. Von Chochma her erhält also diese rechte Seite mit Abraham und Mose seine Prägung.

Die vierte Sephira entspricht auch dem 4-ten Schöpfungstag. Am 4-ten Tag, heißt es, singen die Leviten im Tempel den Psalm 94, der mit den Worten beginnt: »Gott der Rache«. Was bedeutet Rache? Das hebräische Wort dafür, »nekama« von »kum«, meint »aufstehen«, also hier »wiederaufrichten«. Rache ist demnach die Gerechtigkeit, das Gefallene wiederaufzurichten.

Unser Sprachgebrauch verbindet mit Rache eine Art Ungeduld. Man möchte nicht warten, sondern sich gleich rächen, wenn auch meist nicht mit einer Tat, so doch in Gedanken. In der Ursprache aber bedeutet Rache ein Aufrichten dessen, was gefallen ist. Daher entspricht es dem 4-ten, denn im Dritten sieht es aus, als ob *alles* fällt.

Am dritten Schöpfungstag sagt Gott: »Es komme der Baum, der Frucht ist *und* Frucht macht«; die Welt aber tut es nicht, sondern trennt den Baum, der Frucht macht, ab, macht nur das Werden. Entsprechend sagt auch Gott: »Es komme Jakob und David«; die Welt aber tut es nicht, Jakob und Esau kommen. Im Dritten also ist die Trennung. Deshalb ist es auch der Ort der Schlange, die am 6-ten Tag dann angreift und den Menschen ins tiefste Exil hinunterzieht, damit der Weg des Aufstiegs sein kann.

Schon beim 4-ten aber, heißt es, zeigt sich das, was einmal groß werden wird. In Mose drückt sich schon aus, daß Joschua kommt, der ins Gelobte Land hinüberbringen wird. Der Sieg also ist im 4-ten schon da. Nezach zeigt, daß das Geheimnis des Bösen kommt, damit das Hinabziehende wiederaufgerichtet werden kann. Die »Rache« ist da, weil es im Dritten gefallen ist, weil die Welt nicht tut, was Gott will.

Was bedeutet das Böse? — eine Frage, der wir immer wieder begegnen. Bei Jesaja lesen wir, daß Gott von sich sagt, er habe »das Licht gebildet und die Finsternis erschaffen, den Frieden gemacht und das Böse erschaffen« (45, 7). Und damit ist doch auch ausgedrückt: Fürchte dich also nicht, es ist gefallen, damit du aufsteigen kannst. Denn für die Freude des Aufsteigens ist die Welt überhaupt da.

Mose kommt unerwartet. Man sagt, daß von dem, was im Dritten verlorenging, nicht mehr erwartet wurde, es könne je aufkommen. In der Heilkunde des alten Wissens wird mitgeteilt, daß beim Übergang vom Dienstag auf Mittwoch, vom dritten auf den 4-ten Tag, Gefahr für das Kind besteht. Und Sie verstehen nun schon, hoffe ich, daß hier nicht in erster Linie gemeint ist, man solle die Kinder in dieser Nacht ordentlich zudecken ...

Mose steht im Menschen für das, wovon man eigentlich nicht glaubt, daß es je aufkommen kann. Man sucht — wie bei Abraham — seine Geburt zu verhindern. Das Kind im Menschen will man nicht zulassen. Mose aber kommt dennoch. Derjenige, der das Gesetz zum Töten der Kinder erläßt, hat die Ehre, Mose in seinem eigenen Palast aufzuziehen. Das ist eine Art Humor in der Geschichte, auch im Menschen. Er hat Angst davor, tut aber gerade, weil er Angst hat, das, wovor ihm graut.

Mose ist der Mensch, der uns eigentlich sehr lästig fällt, denn er zieht uns hinaus. Sein Name heißt auch »aus dem Wasser gezogen«, aus der Zeit. Er ist ein Zeichen dafür, daß wir auch Zeit und Raum überschauen können als Ganzes, nicht der Vielheit endgültig verhaftet sind. Mose sagt dir: ›Bleib nicht im Gefängnis, komm heraus! Du leidest in »mizrajim«, weil du im Entweder-Oder keinen Frieden finden kannst.‹

›Wie soll ich es verstehen, daß alles vorbestimmt ist, und ich dennoch tun muß?‹ ›Indem du es tust‹, wird geantwortet, ›ist es vorbestimmt.‹ — ›Das verstehe ich nicht.‹ — ›Sollst du es denn verstehen? Vielleicht sollst du es leben, erleben, daß du es wirklich erkennst.‹ — Mose sagt: ›Hier, in Ägypten, kann ich das nicht erklären. Ihr müßt mit mir aus dieser Welt hinausziehen. Dann erst, von einer anderen Dimension her, kommt es euch ganz überraschend. Ihr werdet Wunder sehen.‹

Der Auszug aus Ägypten ist ein Bild *jeder* Befreiung. Bis heute besteht der Brauch im Judentum zu sagen: Wir tun das zur Erinnerung an den Auszug aus Ägypten. Das ist keineswegs »historisch« gemeint. Der Auszug ist ein immerwährendes Erlebnis im Menschen selbst. Mose ist einer von Levi, einer, der den Weg geleitet. Wenn du glaubst, alles schön klar und geordnet zu haben, kommt einer und sagt: »Es stimmt eigentlich gar nicht.« In dieser Weise geschieht dir auch eine Traumbegegnung von der Seite des Mose: Du erfährst das Ruhelose. ›Wo es war, war es sehr gemütlich; wohin ich gehe, ist eine Wüste, nur ein Weg ist da. Wohin eigentlich führt man mich? Ein

Weg mit vielen Umwegen, vielen Begegnungen. Vielleicht stimmt es gar nicht, und doch muß ich gehen. Es bewegt mich, ich kann nicht anders, es läßt mich nicht in Ruhe.‹

Das ist Mose im Menschen. Und wenn man im Traum einem solchen Menschentyp begegnet, dann geschieht die Begegnung von der vierten Sephira her, vom Verhältnis des Sieges aus.

Es kann sich aber, wie wir immer sehen, auch die Gegenseite melden, dasjenige, was Mose gegenübersteht. Und das ist nicht nur der Pharao, der ihn bekämpft, sondern vor allem dann Israel. Es will ihn oft steinigen und töten, verkehrt gar nicht sehr freundschaftlich mit ihm. Es hat zwar Respekt, aber eher gezwungenermaßen. Fortwährend heißt es: ›Du hast es versprochen, aber es ist nicht eingetreten!‹ Mose: ›Aber die Wunder, die ihr gesehen habt, könnten sie größer sein?‹ — ›Schon recht, aber wo ist Brot, wo ist Wasser?‹ Immer die Wut, die Anklagen, der Spott.

Zum Typ des Erlösers gehört dieses Gegenüber. Das Neue Testament zeigt es auch. Die Spötter: ›Ja, der erzählt viel! Aber es stimmt nichts. Nur Schwierigkeiten hat er uns gebracht. Wäre er doch dort geblieben, wo er war. Es wäre besser für uns gewesen, wir wären ihm nie begegnet.‹ Damit verleugnet man ihn.

Im Hinblick auf die Traumbegegnung wird gefragt: Wie und wo stehst du ihm gegenüber? Bist du bei den Angreifern? Ärgerst du dich über ihn? Verursachst du ihm Ärger? Es heißt, der Verfolger hat noch niemals den Erlöser gebracht, der Verfolgte bringt ihn. Bist du mit den Verfolgern oder mit dem Verfolgten?

An fünfter Stelle, an der linken Seite, folgt in den Sephirot Hod, »Lob«, Formwerdung. Dort steht Aaron, der Bruder von Mose. Sahen wir die rechte Seite von dem Unerwarteten, der Überraschung bestimmt, so zeigt die linke das Kausale, Gesetzmäßige, die Form. Was überraschend durchbricht, bildet nun auch Form. Die Inspiration ist bei Mose, er ist der Prophet, der es bringt, und Aaron ist derjenige, der spricht, der es ausdrückt. Von der linken Seite her geschieht die Artikulation dessen, was in der rechten Seite geschaut wird. Die linke Seite ist es auch, die das »korban« führt, das Sich-Gott-nähern.

Hod an der linken ist die Konsequenz von Nezach an der rechten Seite, wie doch auch auf der vorangehenden Ebene Abraham mit Isaak eine Einheit bildet. Die Überlieferung erzählt, daß Abraham dem Isaak wie ein Wassertropfen dem anderen geglichen habe. Da bittet Abraham Gott darum, er möge ihn alt machen, damit man ihn nicht mit seinem Sohn verwechsele. Seitdem, erzählt der Midrasch, gibt es das Älter-Aussehen; zuvor haben alle Menschen bei ihrem Tod gleich ausgesehen wie bei ihrer Geburt. Der Alte bedeutet dann Vater, der Junge, der Kleine, Sohn. Bei Daniel und in der Kabbala spricht man vom »heiligen Alten«.

Die Brüder Mose und Aaron werden in der Überlieferung als Einheit betrachtet. Nezach und Hod sind wie das Paar der Brust, von beiden Seiten wird das Kind genährt. Nun wird auch rechts und links zu einer Einheit, denn ab jetzt gibt es in den Sephirot kein rechts und links mehr; das 6-te und 7-te stehen zentral.

Hod läßt dich erkennen, was Einheit ist. Du kannst den Weg nur gehen, wenn du spürst, daß die lineare Dimension des Zeiträumlichen mit der vertikalen Dimension der Überraschung, des Akausalen, des Wunders eine Einheit bildet. Die Person, die dir im Traum im Verhältnis Hod begegnet, zeigt dir die Verbindung zur Vertikale, zum Anderen.

Im 6-ten, der Sephira Jesod, wird, wie wir besprochen haben, das Geheime als Fundament gezeigt. Wenn du es erklären kannst, ist es kein Fundament mehr. Es muß Geheimnis sein, um Fundament bleiben zu können. An dieser Stelle steht Joseph, der geliebte Sohn Jakobs.

Joseph wird auch ein Vater genannt. Das Reich spaltet sich, und man spricht dann von Joseph und Juda; und der Messias von der einen Seite wird in der Überlieferung Sohn des Joseph genannt. David ist die Person der 7-ten Sephira; so heißt der Messias von der anderen Seite Sohn Davids. Es ist aber, wie immer betont wird, nur *ein* Messias. Derart eng also zeigt sich das 6-te und das 7-te verbunden.

Auch der 6-te und der 7-te Schöpfungstag sind in der Bibel auf ganz besondere Art verbunden. Die letzten Buchstaben, die vom 6-ten Tag sprechen, sind die Zeichen Jod, 10, und He, 5; die zwei ersten Buchstaben des 7-ten Tages sind Waw, 6, und He, 5. Diese vier Zeichen aber bilden den Namen des Herrn. Die Verbundenheit zwischen 6-tem und 7-tem ist ebenso untrennbar wie der Name Gottes.

Welcher Mensch steht uns als Joseph gegenüber? Der nicht verstanden, der verkauft wird. Geliebt ist er vom Vater, man weiß nicht warum. Auserwählt ist er grundlos, und wir ärgern uns darüber. — Wie verhält es sich mit David, der Person der 7-ten Sephira Malchut, Reich? Auch er hat viele Gegner, führt ein Leben voller Spannungen. Aber er ist auch derjenige, der siegt, der bleibt.

Ich hoffe, es ist Ihnen klar geworden, daß die Personen der sieben Sephirot mit ihren Welten und Gegenwelten ein reiches Leben im Menschen selbst führen. Man könnte geradezu vom Abraham- oder David-Komplex im Menschen sprechen. Der Mensch reagiert auf sie in seinem Handeln; deshalb heißen die sieben Sephirot auch nach Personen. Die Traumdeutung des alten Wissens fragt immer nach dem Menschen. Sie will wissen, wie er lebt, was er erfährt, was er ist. Sie gibt Antwort auf die Fragen: Wem stehe ich gegenüber? Wer bin ich? Und das ist doch die große Sehnsucht jedes Menschen: Sich als Mensch im Bilde Gottes zu erkennen.

Zweiundzwanzigstes Kapitel

Saul und David — Der Depressive und der Frohe · Die Trennung des Reiches · Die 6 Tage und der 7-te · Kranksein und Gesundheit · Der drückende Traum · Das Verwüsten des Gartens · Zahlenträume und geometrische Figuren

Wir haben bei der Besprechung der Sephirot gesehen, daß ihre Namen eigentlich nur positive Verhältnisse ausdrücken. Jede der sieben hat eine Seite, die sich zeigt und von der wir glauben, daß sie nur positiv sei. Was wäre negativ an schenkender Liebe, Kraft und Harmonie, Sieg, Formwerdung, Fundament und Reich? Wir wissen aber auch, daß wir nur deshalb etwas als positiv erkennen können, weil ihm die negative Seite gegenübersteht. Darin äußert sich die grundlegende Dualität allen Lebens.

Sie kennen sicher den Begriff des »falschen Propheten«. So wird einer genannt, der sagt: ›Alles ist klar und in Ordnung, alles ist schön und gut‹ und damit eben nur *eine* Seite des Lebens verspricht. Im Menschen ist eine starke Neigung, dem falschen Propheten Glauben zu schenken. Wer nur das Gute und Liebe sehen möchte, verdrängt aber die andere Seite, will sie nicht wahrhaben.

Deshalb ist die Sephira Tiferet, von der die 32

Wege ausgehen, so wichtig. Dort herrscht Harmonie zwischen den verschiedensten Dingen. *Eine* Sache nur, könnte man sagen, ist nicht harmonisch. Bei der Harmonie wird immer nach der anderen Seite gefragt, dem Gegenüber. Mit jedem Vordergrund ist ein Hintergrund gegeben — dieser Zusammenhang ist unauflöslich.

Dem alten Wissen ist dieser Zusammenhang selbstverständlich. Wenn die Harmonie zentral herrscht, wie steht es dann z. B. mit dem traurigen, gedrückten Menschen? Die Überlieferung spricht in diesem Zusammenhang von der Person des Königs Saul. Es heißt von ihm, daß er schwermütig wurde — depressiv würden wir heute sagen — und daher den David verfolgt; seine Ruhelosigkeit und Eifersucht entspringt der Traurigkeit, die ihn gefangenhält.

Wie kam es dazu? Saul war kein schlechter Mensch. Er hat — hier dem Mose ähnlich — ein einziges Mal gefehlt, als er Amalek nicht vollständig ausrottete, sondern Agag, den König Amaleks, überleben ließ. Man könnte sogar sagen, es war »human« von ihm. Die Überlieferung betont, daß Saul ein besonders sanfter und guter Mensch war; er gilt aber auch als Beispiel dafür, daß es nicht immer Sinn hat, sanft und gut zu sein. Auch wird seine große Bescheidenheit hervorgehoben; bei der Wahl zum König hat er sich versteckt, und als König dann hielt er nichts von sich. Ein einziges Mal jedoch versagte er, und dieses eine Mal genügte, daß ihm das Reich genommen wurde.

David dagegen tut sehr viel Schlimmes, könnte man nach menschlichem Verständnis sagen. Ich erwähne hier nur die Geschichte mit Uria und Bathseba, die in 2. Samuel, Kapitel 11 und 12 erzählt wird. Dafür wird David auch getadelt; der Prophet kommt zu ihm und es gibt ein langes Gespräch. Aber er bleibt König. Und Salomo, der zweite Sohn, den er mit Bathseba hat, wird sein Nachfolger im Königtum.

Wer nun ist Saul, die einzige Persönlichkeit in der Bibel, die mit Nachdruck »traurig« genannt wird? Ja, Sauls Depression ist nahe der Besessenheit, er kann nicht mehr zu sich kommen. Das Königtum aus dem Hause Joseph — Saul ist vom Stamm Benjamin, dem Sohn Josephs — scheitert, könnte man sagen. Der Himmel reagiert schnell und straft hart. Das Königtum aus dem Hause Juda aber, von der Seite Leas also, bleibt bestehen, obwohl viele Nachfolger Davids im Königtum den Götzen opfern und auf allerlei andere Art noch sündigen; das Haus Davids bleibt bestehen. Dem Saul und auch seinem Sohn Jonathan aber, der doch mit David verbunden war, wird das Reich genommen.

Wir sehen: Es gibt etwas in der Harmonie, das wir nicht begreifen können. Man soll daher auch nie die Gestalten der Bibel mit den Maßstäben unseres Begriffsvermögens beurteilen. Das Geheimnis des Lebens enthält in seiner Harmonie beide Seiten; die dunkle bleibt für uns unbegreiflich. Erst mit ihr zusammen aber erhalten der Mensch und die Schöpfung Sinn.

Chessed, die schenkende Liebe, die grundlose Überraschung, hat auch die andere Seite, den Schatten sozusagen. Der Freude, dem Geschenk ohne Ursache, entspricht die Trauer, von der man nicht weiß, woher sie kommt, und das Pech, das Unglück. Wir suchen dafür eine Erklärung, machen irgendeine Enttäuschung dafür verantwortlich. Wir tun so, als gäbe es nur den kausalen Gesichtspunkt, von dem aus Glück und Sich-freudig-fühlen — die eine Seite — der »richtige« Zustand sei.

Es gibt aber ebensowenig einen Ursachenzusammenhang bei der Trauer wie bei der Liebe; Chessed bedeutet eben *grundlose* Überraschung. Ein Mensch im Verhältnis Chessed schenkt absichtslos, aus überströmender Freude. So auch, heißt es, habe Gott die Welt erschaffen. Selbst wenn der Beschenkte undankbar, ja sogar böse und verletzend dir gegenüber sich verhält, könntest du dich freuen, wenn es ihm gut geht. Wir spüren, daß dieses Gefühl sehr selten in uns lebt; Gott aber, heißt es, erhält damit die Welt.

Es verlangt uns sehr danach, Chessed zu üben, aber es gelingt fast nie. Und gerade dann gelingt es nicht, wenn wir »nur die besten Absichten« haben. Die Ursachen ermessen wir nicht, es kommt vom Jenseitigen her, ist ein Gespräch im Himmel, das wir hier nicht erklären können. Im Krank- und Depressiv-sein zeigt sich die andere Seite ohne Grund. Solange du nicht imstande bist, diese »Schatten«-Seite in dein Leben einzuverleiben, wirst du daran tragen. Eine Art Limit gibt es hier nicht; das Maß der Trauer, das dir zukommt, liegt nicht in deinem Ermessen.

Die beiden Seiten sind auch im Königtum, denn das Reich spaltet sich doch in Israel und Juda: Israel, das Zehnstämmereich, und Juda mit der Stadt Jerusalem, das Zweistämmereich.

Auch David, der eigentlich immer singt und froh ist, kennt das Bedrückende; in manchen Psalmen kommt es zum Ausdruck. Aber gleich darauf jauchzt er wieder. Er »tanzt« vor der Lade, heißt es; seiner Frau aber mißfällt das, sie »verachtete ihn daher in ihrem Herzen«. Seine Frau aber ist eine Tochter Sauls, und wir verstehen dann, daß ihr die Freude nicht ganz geheuer ist.

David hat immer das Frohe, obwohl sein Schicksal ihm dazu gar nicht immer Anlaß gäbe. Er muß ja sogar vor seinem eigenen Sohn flüchten, vor Absalom, dessen Name »Vater des Friedens« bedeutet. Wenn wir in 2. Samuel, Kapitel 13 bis 19, die Geschichte von Absalom lesen, könnten wir schnell bei der Hand sein, Absalom zu verurteilen. Die Überlieferung aber sieht ihn ganz anders und hebt seine große Bedeutung im Menschen selbst hervor. Absalom ist ungeduldig, er will König sein, er kann den David nicht so lange ertragen. Man sollte meinen, daß David Grund hätte, sich über seinen Sohn zu empören. Ganz das Gegenteil aber ist der Fall; über Absaloms Tod kann David sich kaum trösten.

Saul steht für die andere Seite im Königtum. Sein Name hängt sehr eng mit den Begriffen für »fragen«, »verlangen« zusammen. Er ist bescheiden und gut; plötzlich aber geschieht es in seinem Leben, daß er dort, wo er töten sollte, nicht tötet. Nicht einmal er selbst ist es in erster Linie, sondern das Volk bestimmt ihn dazu. Saul fehlt, weil er leben läßt. Das Reich wird ihm genommen, die Trennung der Reiche geschieht.

Immer noch wartet man auf die Einswerdung des Hauses Joseph mit dem Hause Juda. In der Vision des Ezechiel ist von den »zwei Stücken Holz« die Rede; auf das eine, heißt es, schreibe: ›Haus Juda‹, auf das andere: ›Haus Joseph‹, und bringe die beiden zusammen. Dann ist Einheit. Dann ist Auferstehung.

Die Trennung der Reiche ist nicht irgendein politischer Fehler, sondern grundlegend; überall in der Welt herrscht Zweiheit. Immer sind Licht *und* Finsternis. Die Finsternis ist für uns ein Rätsel. Warum Finsternis? Ein depressiver Mensch ist finster, könnte man sagen, sein Gesicht zeigt das Finstere. Aber gerade von der Finsternis ist ausdrücklich gesagt, daß Gott sie *erschaffen* habe. Das Finstere, Böse ist Teil der Welt.

Die Brüder, die Joseph verkauft haben, haben am Ende dann sehr Angst vor ihm; sie glauben, Joseph werde sie nun dafür bestrafen. Der aber sagt: Tatsächlich habt ihr Böses im Sinn gehabt; gemeint aber hat Gott, der es euch in den Sinn legte, eigentlich das Gute. Es war schon gut von Anfang an.

Das Böse ist für uns ein Rätsel. Es ist in uns so, daß wir das Gute gern haben, das Böse aber meiden sollen. Wähle, heißt es, das Leben, das Gute, und meide den Tod; das Böse aber ist wie der Tod. Wie könnten wir den Tod angenehm empfinden? In uns ist ein ganz starkes Gefühl zum Leben, zum Guten eingebaut. Wir verabscheuen das Böse, den Tod, von innen heraus. Wenn einer mordet, so wünschen wir uns im Tiefsten, daß der Tag der Gerechtigkeit kommt, wo dem Mörder auch etwas passiert. Wir wollen vom Leben nicht weg, wir klammern uns ans Leben und damit eigentlich an das Gute.

Der Mensch fühlt, daß der Sinn darin besteht, hier zu leben. Es ist die äußerste Welt, und nur von dieser Welt kann die Verbindung zum Ursprung, zum Innersten — oder wie man auch sagen könnte: zum anderen Äußersten — zustande kommen. Die Zweiteilung des Reiches ist, so gesehen, schon in der Schöpfung miteinbegriffen; sie bestimmt das Königtum und damit auch den Menschen. Versuche nicht, im Sinne einer Kausalkette herauszufinden, warum es Saul so schlecht ergeht, daß er sich am Ende mit seinem Sohn Jonathan umbringt. Du findest dafür ebensowenig eine Ursache wie für die Erwählung Abrahams.

Die Ur-Sachen kommen aus einer anderen Dimension; *hier* kann man sie nicht finden. So geschieht auch alles im Tempel durch das Los und niemals vernunftgemäß. Wer bestimmt am Versöhnungstag, wie in 3. Mose 16 erzählt wird, den einen Ziegenbock für Gott und den anderen für Asasel? Das Los. Auch in unserem Leben entscheidet das Los. Kausal mag es wie Willkür aussehen; es ist aber eine Kür, eine Wahl, die wie die Schöpfung gleichsam ganz exakt vom Himmel getroffen wird. Das Land Israel wird ebenfalls, wie die Bibel es erzählt, durchs Los aufgeteilt. Was das Los zuteilt, bleibt bis zum Ende der Tage.

Das, was die Wahl trifft, die Entscheidung also, kennt *alle* Sephirot, faßt sie alle zusammen; und gerade weil sie jenseits aller Zeiten und aller Welten steht, ist eine Fehlentscheidung unmöglich. Daher sagen die alten Quellen, man solle bei einem, der krank ist durch Traurigkeit — in moderner Ausdrucksweise: der Depressionen hat — nicht nach kausal bedingten Gründen forschen.

Jedem Gesundsein steht immer ein Kranksein gegenüber; untrennbar bilden die zwei erst das Ganze. Entsprechend untrennbar gehören die 6 Tage der Woche zum 7-ten, dem heiligen Tag. Das 7-te kann nicht heil und heilig heißen, wenn ihm nicht die 6 des Nicht-Heilen, Profanen gegenüberstehen.

Gerade die 6 Wochentage aber sind voller Leben, voller Geschehen. Jeden Tag in der Woche singen die Leviten im Tempel einen anderen Psalm, weil jeder Tag eine große, unverwechselbare Bedeutung hat; es beginnt am ersten Tag mit dem Psalm 24, am 4-ten Tag z. B. ist es der Psalm 94, am 6-ten Tag Psalm 93 und endet am 7-ten mit dem Lied für den Sabbat, dem Psalm 92.

Kranksein ist also nicht nur etwas, wovon man rasch die Ursache herausfinden müßte, sondern Kranksein steht dem Gesundsein gegenüber wie das Ende der Tage den Tagen, die Armut dem Reichtum, der Streit der Harmonie und so jedes immer seiner Gegenseite. Vom neuen Leben, von der neuen Welt aber wird gesagt, daß dann beide Seiten zusammen sind; sie stehen sich nicht mehr gegenüber, sondern sind vereinigt. Ihre Frucht ist das neue Leben.

Solange aber die Welt noch im Gang ist, der Weg noch gegangen wird, besteht die Zweiheit. Und es gibt die Auseinandersetzung zwischen Gut und Böse. Die schenkende Liebe gibt es und das

Gedrücktsein ohne Grund. Daher sagt man: Wenn du einem gedrückten Menschen begegnest, dann zeige ihm, daß seiner Traurigkeit gegenüber die Freude lebt. Besuche ihn, wie es heißt, und sei in deiner Freude bei ihm da. Dein Dasein teile ihm mit, gib ihm, was ihm fehlt. Suche nicht nach Gründen oder Dingen, die er vielleicht falsch gemacht hat. Stelle ihm nur deine Freude gegenüber; wenn sie stark genug ist, kann es geschehen, daß er sich an deiner Freude erwärmt und es ihm besser wird in deiner Gegenwart.

Saul sehnt sich doch auch nach dem Harfenspiel von David. Er hört gern dem Singen und Spielen zu; aber er wirft auch den Speer nach David, um ihn zu töten, wie die Bibel erzählt (1. Samuel 18, 10f u. 19, 9f). Vielleicht kennen Sie das Bild von Rembrandt, auf dem dieses Geschehen dargestellt ist.

Der Depressive ist nämlich auch undankbar: Dem, der ihn heilen kann, trachtet er zuweilen nach dem Leben. Du mußt dich dann schnell bükken, sonst durchbohrt er dich. Einerseits bittet er dich zu spielen, weil er dich braucht, um leben zu können; andererseits erträgt er es nicht, daß du singst, er es aber nicht kann.

Davids Spielen und Singen ist nicht immer nur freudig. Es gibt Psalmen, die voller Trauer, aber auch solche, die voller Haß und Rache sind. Auch in Davids frohem Leben gibt es ein Auf und Ab.

Und eben mit diesem Auf und Ab stellt er sich dem Gedrückten und Traurigen gegenüber, ist mit ihm, läßt sogar zu, daß der andere ihn verfolgt.* Das ist der Grund, heißt es, wodurch er am Ende tatsächlich die Vereinigung von Joseph und Juda erwirkt.

Juda ist es, der Joseph in Ägypten versöhnt, wie im 44. und 45. Kapitel der Genesis erzählt wird. Als der silberne Becher — den Joseph ins Gepäck der Brüder schmuggelt, um sie des Diebstahls bezichtigen zu können — bei Benjamin gefunden wird, und Joseph den Jüngsten zurückbehalten will, tritt Juda hervor und bietet sich an Benjamins Statt zum Knecht an. Davids Spielen

* Im dritten Teil seines Gedichts »David singt vor Saul« gibt Rainer Maria Rilke diesem Zusammenhang dichterischen Ausdruck:

III
König, birgst du dich in Finsternissen,
und ich habe dich doch in der Gewalt.
Sieh, mein festes Lied ist nicht gerissen,
und der Raum wird um uns beide kalt.
Mein verwaistes Herz und dein verworrnes
hängen in den Wolken deines Zornes,
wütend ineinander eingebissen
und zu einem einzigen verkrallt.

Fühlst du jetzt, wie wir uns umgestalten?
König, König, das Gewicht wird Geist.
Wenn wir uns nur aneinander halten,
du am Jungen, König, ich am Alten,
sind wir fast wie ein Gestirn, das kreist.

vor Saul kann als eine Entsprechung dazu gesehen werden. David ist doch aus Juda, und Benjamins »Bosheit«, die zu seiner Gefangennahme führt, ist gleichsam die Bosheit Sauls gegenüber David; Saul ist ein Benjaminit, wie in 1. Samuel 9 erzählt wird.

Warum hat Saul keinen Frieden? Er ist vom Hause Joseph, wird geantwortet; Joseph wurde verkauft, seinerseits aber hat er dem Benjamin den Becher untergeschoben, um ihn beschuldigen zu können. Die Ur-Sache also von Sauls »bösem Geist« liegt, könnte man sagen, schon im Kern beschlossen, im ersten der Bücher Mose, das den weiteren gegenüber sich wie die 1 zur 4 verhält.

David tritt vor Saul, wie Juda vor Joseph trat. Er erklärt ihm nichts, sondern spielt vor ihm sein Leben voller Harmonie. Und Harmonie ist eben das Zusammen von Auf und Ab. Unverständnis, ja Verzweiflung sind in den Psalmen auch enthalten; daher sind sie auch heute noch so lebendig. Würden sie nur von Schönem erzählen, wäre es wohl bald langweilig und nichts hätte sie vor dem Vergessen bewahren können.

Diese Art Leben in Harmonie kommt vor Saul. So, heißt es, geschieht Einswerdung. Wenn du mit der Harmonie deines Lebens dem Depressiven gegenüber bist — auch und vor allem dem Depressiven in dir selbst —, dann kann Heilung eintreten. Das Rätsel will durch das *Leben* gelöst werden, nicht durch Erklärungen. Den Bereich des Erklärens hat die griechische Philosophie zu erster Blüte gebracht. Bezeichnend ist, daß die Überlieferung diesen Aspekt des Griechentums fast etwas mitleidig verfolgte. Wissen denn — so sagte man — die Philosophen nicht, daß die Stimmungen im Leben vom Himmel kommen? Wie anders sind die philosophischen Beschreibungen und Erklärungen zu beenden als dadurch, daß man lebt und miteinander lebt? Im Erklären wird man nie ein Ende finden.

Das alte Wissen ist insofern antiphilosophisch eingestellt, als es die Bemühung, das, was vom Himmel ist, kausal erklären zu wollen, für sinnlos hält. Das ist nur zu *leben.* Das ist die Bedeutung des Baumes des Lebens. Leben aber ist ein Durchbruch. In Hiob drückt er sich aus. Die Freunde kommen zu ihm mit Erklärungen, ja, sie führen sogar den Glauben in erklärender Weise an. Dagegen wehrt sich Hiob, weil er in seinem Leben spürt, daß alles Erklären nicht stimmt, nie stimmen kann. Daher geschieht der Durchbruch, und Gott spricht mit ihm.

Wir erfahren gegenwärtig ein Hoch der Welle des Rationalen. Alles wollen wir erklären: die Politik, die Wirtschaft, die Krankheiten, die Psyche, die Religion. Unablässig damit beschäftigt, vergessen oder verdrängen wir die andere Seite. Darin besteht das depressive Erleben.

Für die Deutung eines niederdrückenden Traumes ergeben sich prinzipiell zwei Möglichkeiten, die einander gegenüberstehen; vor allem aber, wird gesagt, kannst du nie deuten, ohne den Menschen zu kennen, der träumt. Letzteres müßte man der heutigen Medizin empfehlen: Daß man eine Krankheit nie beurteilen soll, ohne zu wissen, was für ein Mensch der Patient ist. Die Kenntnis der Anatomie und der Meßwerte genügt eben nicht. Erst wenn man auch seine andere Seite kennt, könnte man sich ihm nähern.

Vielleicht lebt der Träumer eines depressiven Traums derart in Freude — ist David —, daß sich im Schlaf die Gegenseite meldet. Es muß gar keine Belästigung sein oder ein Zeichen, daß der Träumer etwas falsch macht, sondern gerade das Gegenteil kann es sein: Saul möchte in diesem Leben auch dabei sein.

Der Depressive möchte *da sein*, denn hier ist es so schön. Er möchte der Schatten dieses Schönen sein. Im Traum zeigt er sich als Schatten; laß dich davon nicht bedrücken.

Es kann aber auch sein, daß der Träumer das Niederdrückende und Traurige nicht wahrhaben will in seinem Leben, daß er immer wegschaut, es verdrängt. Dann aber meldet es sich im Schlaf, dann ist der Traum wie eine Krankheit, ein Zeichen für dich, daß etwas einseitig ist in deinem Leben, keine Harmonie herrscht. Bedenke, will der Traum dann sagen, die Wirklichkeit ist nicht einseitig; viel wird gelitten, Enttäuschung, Gemeinheit, Unverständnis, Roheit und Unterdrükkung gibt es immer und überall. Es ist ein Geheimnis, warum das Leid da ist.

Der Mensch hat die starke Neigung, die Realität zu verdrängen. Ich denke hierbei nicht nur an Drogen und Alkohol, sondern vor allem an Meinungen, festgefahrene Ansichten, Theorien, Sekten, vielleicht auch Kirchen. Gemeinsam ist allen die Gefahr des Erstarrens. Ein Teil der Wirklichkeit wird betont, herausgelöst und zur Realität erklärt. Dagegen wehren sich die anderen Teile, im Leben wie im Traum. Das ist ein Kampf, der immer herrscht.

Chessed, schenkende Liebe ohne Grund, erregt, könnte man sagen, die Wut, den Zorn, die Traurigkeit. Vom Zorn Sauls überliefert der Midrasch eine Geschichte. Jonathan, Sauls Sohn, kommt zur Mahlzeit und fragt nach David. Saul ergrimmt und schleudert einen Stuhl nach Jonathan, dann wirft er einen Leuchter nach ihm und anschließend weitere Gegenstände, die alle eine bestimmte Bedeutung in dieser Geschichte haben. Die schreckliche Wut ist die Gegenseite von Chessed. Der Mensch erträgt die Liebe nicht, die Gefäße zerbrechen.

Ich möchte noch einmal auf den Alptraum zurückkommen, von dem ich zu Beginn schon gesprochen habe (Band I, Drittes Kapitel). Der Alptraum hat keine unmittelbare Zuordnung zu einer der Sephirot. Er leugnet eigentlich alles, was überhaupt geschaffen ist. Er ist die Negation der Harmonie, eines Sinnes. In ihm äußert sich Anti-Sinn, nicht Unsinn, sondern ein Zerstören des Sinnes. Der Alptraum leugnet, nimmt den Sinn und zeigt etwas, das ganz anders ist: Entsetzen, Abgrund, Spuk.

Es heißt im alten Wissen, daß der Mensch auch tagsüber den Alptraum erleben kann. Er lebt dann in einer Verzweiflung, die gar nicht abreißen will, unterbrochen manchmal, aber gleich darauf nur desto qualvoller sich fortsetzend. In diesem Zustand ist der Mensch dem »Glauben« verhaftet, daß es überhaupt keine Antwort gibt, sondern nur Fragen. Ich habe in diesem Zusammenhang schon auf den Begriff »schoel«, »fragen«, und »scheol«, »Hölle«, hingewiesen (Band I, Seite 73).

Es ist die Situation, in der alles wie ein riesiges, nie endendes, quälendes Durcheinander erscheint. Geht's einmal gut, spricht man vom Zufall. Daß es auf Dauer gut gehen könne, erscheint ausgeschlossen. Es heißt, daß diese Verzweiflung sehr oft aus Langeweile entsteht. Man spürt, das Sattsein bringt keine eigentliche Befriedigung. Man hat, was man möchte, aber das Wesentliche fehlt. Sie ist ähnlich der Verzweiflung eines Betrunkenen; oder eines, der ißt und ißt — es bringt aber nur Übergewicht und allerlei Krankheitsmöglichkeiten. Was als Jagd nach Frieden unternommen wird, ist in Wahrheit eine Flucht vor dem Frieden.

Langeweile entsteht aber auch aus einem Mangel an Beziehungen. Beziehung ist identisch mit Liebe. In der Beziehung wird der andere nicht objektiviert, sondern in lebendiger Gegenüberstellung verbunden. So hat z. B. auch eine Krankheit Beziehung zu dir. Sie meldet sich gleichsam als Frage: Warum sind Viren, Bakterien da? Was bedeutet ihr Auftreten? Wenn du *nur* nach Medikamenten verlangst, um sie schnell wieder loszuwerden, entziehst du dich der Beziehung.

Das Kranksein lebt und verteidigt sich. Du mußt kämpfen, kannst nicht sagen: ›Brave Viren, kommt nur und tut was ihr wollt!‹ Du kämpfst — das stiftet Beziehung.

Liebe heißt: Sich mit dem anderen auseinandersetzen. Dann ist es ein Gespräch. Soll ein Kampf stattfinden, dann soll auch gekämpft werden. Wenn du dem ausweichst, brichst du die Beziehung ab. Und aus der Beziehungslosigkeit, heißt es, entsteht das Gefühl der Verzweiflung, der Alptraum im Leben.

Mit den »guten Beziehungen«, die man angeblich haben sollte, um im Leben gut voranzukommen, ist eigentlich genau das Gegenteil von der wirklich lebenserhaltenden Beziehung gemeint, deren Grundgefühl das Staunen ist. Du staunst über das Wunder, das dir in jeder Begegnung geschieht. Du staunst über die Frage, warum Krankheit in der Welt ist, warum Armut, warum schlechte Menschen, warum das Böse besteht. Das bringt dich in Beziehung. Wenn du aber sagst: ›Was geht's mich an? Es ist nicht mein Gebiet‹, dann kommt die Langeweile. Ihr fehlt die Liebe, das Fundament des Lebens. Ohne diesen Sinn aber herrscht Verzweiflung.

Ich habe schon an früherer Stelle darauf hingewiesen, daß der Begriff der Beziehung mit dem Ziehen in allen Variationen zu tun hat. Eines zieht das andere, es ist anziehend, der Wunsch, einbezogen zu sein — immer ist es auf ein Einswerdenwollen gerichtet. Das erzeugt Zuneigung und Kampf, Gespräch und Konflikt *zugleich.*

Gemeint ist die Beziehung zum anderen, die darin besteht, daß man aus dem Staunen über die ständig wechselnde Landschaft des anderen gar nicht mehr herauskommt. Es ist das Wunder des Zusammenhanges. Über jede Stunde ließe sich ein dickes Buch schreiben, ein Horoskop ohne Ende.

Krankheit ist Beziehungslosigkeit. Im Menschen, der beziehungslos lebt, ist als Keim schon die Verzweiflung da. Sein Leben wird zum Alptraum. In der Harmonie dagegen ist das Vielfältigste im Zusammenhang eines Sinnes da; alle Farben, alle Größen, aber so geordnet, daß es dem Gefühl als schön, als gut erscheint. Alle Lebensbereiche können von dieser Harmonie erfüllt sein;

besonders deutlich wird sie uns in einem Musikstück, einem Gedicht, einer Landschaft, einem Gemälde.

Mit der Harmonie kommt aber mit, was man die Schlange nennt. Sie bringt die Störung in diesen Garten, sie bringt den Menschen dazu, daß er — wie es heißt — zur Axt wird und den Garten verwüstet. Er schafft Chaos, wo Harmonie ist. Warum? Weil er mit der Schlange spricht. Er glaubt, er müsse die Maßstäbe von gut und böse verstehen. Eine Dimension, die außerhalb seiner Vernunft liegt, will er nicht akzeptieren. Überall dort, heißt es, wo der Mensch *nur* die Vernunft kennt, hat er Kontakt mit der Schlange. Dort ergreift er die Axt und durchhaut die Wurzel, die den Baum des Lebens mit dem Baum der Erkenntnis verbindet. Indem er trennt, verwüstet er den Garten, schafft er das Chaos.

Vielleicht verstehen Sie jetzt auch besser, warum das alte Wissen sich immer sehr entschieden gegen jedes Berechnen und kausales Erklären wendet. Nicht die Vernunft bildet die Gefahr — im Gegenteil, die Vernunft ist ein gewaltiges Geschenk an den Menschen —, sondern die Gefahr liegt im *einseitigen* Gebrauch der Vernunft. Wenn das Kausale vom Akausalen getrennt, die gemeinsame Wurzel zerschnitten wird, entsteht Verzweiflung und Chaos. Der Alptraum im Leben kommt, wenn du die Harmonie *erklären,* das Leben *analysieren* willst, anstatt es hinzunehmen wie es ist, mit Gutem und Bösem, als Ganzes.

Ich möchte nun auch vom Alptraum im Schlaf sprechen. Wieder betone ich, daß man den Menschen kennen muß, um ihm seinen Alptraum deuten zu können. Es kann z. B. sein, daß er den Alptraum *im Schlaf* hat, weil die Schlange keine Chance in seinem *Leben* bekommt. Im Leben des Menschen herrscht das Paradox von Vernunft *und* Akausalität, Tun *und* Lassen, Werden *und* Sein. Immer sind beide Kräfte da, und das Leben ist eigentlich die Frucht von beiden. So kann sich die Sinnlosigkeit im Alptraum melden, weil im Leben des Menschen gerade Sinn und Harmonie herrschen; die Schlange aber, der Schatten, möchte auch da sein, sonst bleibt es halb. Geschieht einem Menschen so der Alptraum, dann kommt er um der Vollkommenheit seines Lebens willen.

Andererseits kann sich der Alptraum aber auch melden, weil der Mensch in seinem Leben das Chaos verdrängt; alles, meint er, durch Erklären und Berechnen erreichen zu können, er will nur gelten lassen, was in seinen Ordnungsbegriff paßt. Dann meldet sich der Alptraum wie eine Krankheit und zeigt, daß ein Bruch im Leben ist, der geheilt werden muß. Die Seite der Phantasie ist abgetrennt. Das Unerwartete und Phantastische hat in deinem Leben keinen Raum. Laß es ein, damit dein Leben ganz wird.

Eine ganz besondere und merkwürdige Art Traum ist der Zahlentraum und der geometrische Traum. Es gibt Leute, die träumen oft von ganz bestimmten Zahlen oder von gewissen geometrischen oder stereometrischen Figuren wie Vierecken, Pyramiden, Kegeln usw. Auch diese Träume sind so alt wie die Menschheit.

Mit Zahlen wird doch, wie wir wissen, die Schöpfung gemacht. Als wir von den Sephirot sprachen, habe ich darauf hingewiesen, daß das Wort »sephira« von »sapher«, »erzählen«, »zählen«, kommt, also im Grund die Zahl meint. Zahlen sind Verhältnisse, Proportionen, aber dann auch Worte. Die Sephirot haben Namen, die wir ausführlich besprochen haben; die Zahlen haben sich zurückgezogen. Sie haben aber mitgewirkt, daß Worte kommen können. Dem Wort allerdings sieht man die Zahl nicht mehr an.

In der Welt sieht man Lebewesen und Dinge. Niemand käme z. B. auf die Idee, von einem Gewächs, das er sieht, gleichzeitig die botanische Familie, Gruppe und Klasse wahrnehmen zu wollen; Pflanzen und Tiere erlebt man in ihrer gegenwärtigen Erscheinung und nicht in ihrer abstrakten Klassifikation. Ähnlich nehmen wir in den Worten auch keine Zahlen wahr. Im Ursprung aber, gleichsam *vor* ihrem Entscheinen hier, oder besser: in ihrem Jenseits, sind Worte reine Zahlen. Eine Ahnung davon teilt uns die Sprache selbst mit, indem sie »erzählen« nennt, worin ein Umgehen mit Zahlen nicht wahrzunehmen ist.

Das alte Wissen mißt einem Zahlentraum große Bedeutung bei. Man sieht in ihm eine Art prophetischen Traum. Träumst du von Zahlen, dann meldet sich etwas — wird gesagt —, das Schöpfung werden will. Es ist noch nicht da; noch ist es nur Zahl, Proportion oder Fläche. Man deute, heißt es, einen Zahlentraum auf etwas, das in der Zeit noch kommen wird.

Im alten Wissen wird das Beispiel der Zahl 17 gegeben. Wenn du die 17 im Traum siehst, dann meint es »tow«, »gut«. »Tow« wird 9-6-2 geschrieben und ist die Entsprechung der Zahl 17. Etwas Gutes kommt, es ist aber noch im Werden, noch auf dem Weg. Begegnest du im Leben sehr oft der 17, dann ist das kein Zufall. Es bricht — für dich rätselhaft — die andere Dimension durch und äußert sich.

In der heutigen Zeit sucht man diesem Sichmelden der anderen Dimensionen mit naturwissenschaftlichen Erklärungen beizukommen, indem man Lehrstühle für Parapsychologie an einigen Universitäten einrichtet. Die Phänomene sind sicher naturwissenschaftlich beschreibbar, kausal erklärbar sind sie aber nicht. Es handelt sich eben um das Hineinspielen einer anderen Welt, die immer da, für unsere Erklärungen aber unzugänglich ist, weil ihr der kausale Zusammenhang fehlt.

Wir spüren nur: ›Merkwürdig, daß es so kommt!‹ Wie man auch das Los zieht, das bestimmt, was einem zukommt. Die Wahl der Böcke am Versöhnungstag (3. Mose 16) zum Beispiel wird auch durch das Los bestimmt: der eine für Asasel, der andere für Gott. Der eine trägt die Sünden, der berühmte »Sündenbock«, und geht sozusagen zum Teufel, der andere geht zu Gott. Warum es den so und den anderen so trifft, ist nicht zu erklären. *Beide* müssen sein, beide Böcke sind im Weltbild heilig. Wir können nicht urteilen, wessen Schicksal besser ist.

Träume von Zahlen oder geometrische Figuren haben mit dem Geheimnis der Schöpfung zu tun. Die Buchstaben, heißt es im alten Wissen, die Zahlen also, »die 600 000 Zeichen der Thora«, sind dort noch ungeordnet da bei Gott. 600 000 meint die große Vielheit des Auszuges; diese Zahl wird auch beim Auszug aus Ägypten mehrfach genannt. Nach der Überlieferung sind die 600 000 Zeichen eine Art Reservoir bei Gott. Mit ihnen kann jede Geschichte erzählt werden. Die Thora erzählt die Geschichte für den 7-ten Tag, den Weg des Menschen. Aber *alle anderen* Geschichten sind darin enthalten, denn jedes Wort der Thora hat, wie es heißt, 70 Deutungen; das meint: *Alle* anderen Möglichkeiten sind mit da.

In der Begegnung mit Zahlen im Traum meldet sich bei dir die Möglichkeit, daß Neues in deinem

Leben zustandekommt; es kann aber auch sein, daß es sich meldet, weil nichts Neues in deinem Leben mehr ist, weil die Gefahr der Erstarrung besteht. Dann heißt es: Neues müsste bei dir kommen! Die Kenntnis des Menschen ist, wie gesagt, für eine Deutung unerläßlich.

Es gibt auch den chaotischen Zahlentraum oder das Erscheinen geometrischer Figuren in wirrem Durcheinander. Das gibt es auch im wachen Leben, nur merkt man es dann meistens nicht. Es geschieht Leuten, die gern mit Zahlen spielen, die mit Zahlen alles Mögliche berechnen und beweisen wollen.

Die Zahl aber, wie das Wort, ist heilig. Zahlen — und die 22 Buchstaben des hebräischen Alphabets sind, wie Sie wissen, Zahlen — sind die Grundlage der Schöpfung. Sie bilden eine sinnvolle Struktur, d. h., eine Struktur, die nicht nur durch die Vernunft, sondern von allen anderen Dimensionen her zugleich zustandekommt. Der Vernunft allein ist diese Struktur weder zugänglich noch könnte sie die Vernunft je so ordnen. Sie erschließt sich nur der Erfahrung, der *ganzen* Lebensweise.

Man soll deshalb vorsichtig mit Zahlen umgehen. Die Verführung, sie als Material zum Berechnen und Beweisen zu benutzen, liegt nahe. Hie und da kann sich der Vernunft tatsächlich einmal ein merkwürdiges Zusammentreffen zeigen; das aber sind Ausnahmen, die in diesem Fall die Regel nicht bestätigen. Wer glaubt, durch Tabellen oder irgendwelche rechnerischen Manipulationen dem Sinn nahe zu kommen, gerät ins Chaos.

Im Traum zeigt es sich als Zahlenwirrwarr, als Durcheinander von geometrischen Gebilden. Im wachen Leben dagegen mag sich dieser Mensch viel auf seine Rationalität, seine scharfe Kombinationsgabe zugute halten; damit verdrängt er eben die Harmonie, die im Zusammen der einen *und* anderen Seite besteht. Es gilt aber auch hier, daß man den Träumer, um zu deuten, kennen muß. Lebt er nämlich in Harmonie, dann kann ihm das Chaos im Traum kommen, weil es gleichsam auch mit dabei sein will.

Ganz zu Beginn haben wir schon davon gesprochen, daß das hebräische Wort »chalom«, »Traum«, in seinem »verborgenen Wert« die 500 zeigt, also die Zahl, die im alten Wissen dem Jenseitigen, in dem das Diesseits enthalten ist, entspricht (Band I, Seite 30 ff). Was du also im Traum siehst, ist sehr wichtig, denn es ist klar; im wachen Leben dagegen ist alles getrübt durch dein Wollen, dein Konstruieren, dein Motivieren. In allem, was tu tust, konstruierst du mit. Der Traum ist das einzige, das dir kommt. Im Leben z. B. begegnest du sehr vielen Zahlen; wenn du jetzt aber anfängst, auf sie zu achten, greift deine Absicht schon mit ein; auch bei den besten Absichten ist diese Trübung unvermeidlich.

Was dir im Traum geschieht, enthält eine wesentliche Botschaft für dich. Stelle dir daher, heißt es im alten Wissen, den Traum klar vor Augen. Und wenn du nicht imstande bist, deine Träume zu deuten, so ist das kein Grund zur Beunruhigung. Bewahre die Träume, heißt es, denn es kommt der Augenblick, wo du sie alle deuten kannst.

Wenn es dir sehr schwer fällt, deinen Traum dir klar vor Augen zu stellen, weil er etwas für dich im Moment sehr Unangenehmes mitteilt, dann — heißt es — erfordert der Traum ein »taanit«, einen »Fasttag«. Fasten meint, sich vom Leben zu trennen, wie du es bisher gelebt hast; du siehst jetzt ein: Es führt zu nichts, du änderst dich. Fasttag ist identisch mit »teschuwa«, »Umkehr«. Du träumst den bösen Traum, wird gesagt, damit du umkehren kannst. Umkehr meint nicht, daß du plötzlich alles ganz anders tust; es genügt schon, damit anzufangen, selbst die Absicht gilt.

Dreiundzwanzigstes Kapitel

Das Kind · Vom Lernen und Spielen · Der Alte als der »Herr der Grenze« · Kranke besuchen · Das neue Licht · Heilung als Übergang · Die immerwährende Hochzeit

Ich möchte nun etwas näher auf Traummöglichkeiten eingehen, die in den alten Mitteilungen häufiger genannt oder gedeutet werden. Ich will mit dem Thema »Kind« beginnen. Man träumt, daß man wieder oder noch Kind ist, daß man von Kindern umgeben ist oder in irgendeiner Form mit Kindern zu tun hat.

Wir haben schon gesehen, daß das Kind im Menschen von großer Bedeutung ist, ja, im Zusammenhang mit dem Geschehen der Erlösung oft entscheidend. Kind ist der Mensch dort, wo er sein Leben noch nicht auf weltliche Erfahrungen und gewachsene weltliche Klugheit baut und von dorther seine Schlüsse zieht. Im Kindsein steht der Mensch der Welt noch so gegenüber, wie er aus dem Himmel kommt: von der Welt noch nicht umgeformt. Im Neuen Testament kommt dieses »Kind« auch vor. Jesus zeigt eine gewisse Vorliebe für das Kind. Die *Kinder* sollten zu ihm kommen.

Auch im Midrasch kennt man das Kind als einen

im Menschen immer gegenwärtigen Zustand. Wir wissen, daß durch das Leben dieses Kind von Schichten weltlicher Erfahrung und Schlauheit umhüllt wird. Wenn auch im Leben das Kind im Menschen vergessen scheint — im Nichtbewußten ist es da und lebt. Man meint auch dieses Kind im Menschen, wenn von den »Armen im Geist« gesprochen wird. Der Mensch hat diese Schicht in sich, in der er noch nicht durch Taktieren und harte Erfahrungen »gescheit« geworden ist. Er steht da in einer fast unberührten kindlichen Unschuld. Als »Kind« lebt er an der Nahtstelle zur anderen Welt, zur himmlischen, von wo er doch schließlich kommt. Er ist im Prinzip — aber auch in seiner konkreten Erscheinung im Verhalten — etwas ungeschickt in der Welt. Man nennt ihn naiv, weil er eher bereit ist zu glauben, und Konstruktionen ihm ungewohnt sind.

Wenn der Mensch mehr mit diesem umhüllten Kind in seinem Nichtbewußten in Beziehung steht, dann kommen ihm andere Art Erfahrungen, Einfälle und Einsicht. Sie stehen den Erfolgen aus seinem konstruierenden Denken gegenüber. Der Mensch glaubt oft an seine Berechnungen, an sein Denken; er möchte weltlich »gescheit« sein. Er verliert dadurch seine Beziehungen zum eigentlichen Leben, das ein Leben im Diesseits *und* Jenseits ist. Er kommt nicht durch zur anderen Seite des Lebens. Sein Reichtum an »Welt« hindert ihn. Der

»Reiche«, wie das Bild im Neuen Testament gegeben wird, kommt nicht durch das »Nadelöhr«, welches für das »Kamel« kein Hindernis ist. Das »Kamel« entspricht dem Menschen auf seinem Weg durch das Leben, der von Gott geführt wird, das heißt, nicht durch diesseitige, vom Sinn des Lebens getrennte Angelegenheiten.

Der »Reiche« mag schon auch bedeuten, daß man viel Geld besitzt. Gemeint ist aber immer auch ein Reichtum an nur weltlicher Geschicktheit, eine gewisse unangenehme Schlauheit und Härte, eine einseitig dem Diesseits angepaßte »Normalität«. Diese Art »Reichtum« gibt weltliche Schwere. Der Mensch geht nicht leicht durch das Leben, die Schwere drückt ihn, lenkt ihn vom Weg ab, wird ihm zum Hindernis. Er kommt überhaupt nicht durch.

Das Kind dagegen kann gar nichts, beherrscht nichts. Es zeigt, wie der Mensch ursprünglich geschaffen wurde und wie er in seiner Natur sein könnte. Er könnte sozusagen auch bei zunehmendem Reichtum wie ein Kind funktionieren. Gerade das erhofft man vom Menschen, und in dieser Art wird auch vom Kind im Traum gesprochen.

Wenn du von einem Kind träumst, gibt es zwei Möglichkeiten der Deutung: Einerseits kannst du darin erfahren, daß das Kind tatsächlich bei dir lebt und funktioniert — das ist sehr gut —, andererseits könnte es sein, daß das Kind in deinem

Traum sich meldet, weil es im wachen Leben nicht zugelassen wird. Es erscheint dann wie ein Verschollenes oder aus deinem Leben Ausgeschlossenes und will dir sagen: ›Paß auf! Ich bin doch da, laß mich zu!‹ Die Deutung setzt, wie bei allen Träumen, auch hier die Kenntnis dessen voraus, der träumt. Was ist er für ein Mensch? Wie lebt er? Hat er das Naive, Spontane, Unvermittelte, lebt er im staunenden Glauben an den Durchbruch, dann könnte man ihm deuten: Das Kind, das sich im Traum zeigt, bestätigt es; es lebt, ist wirklich da. Oder ist er wie ein trockener Wissenschaftler, der nur Beweisen glaubt, von anderen Dingen aber nichts wissen will? Dann warnt das Kind im Traum: ›Paß auf, du hast mich weggeschickt; ich bin aber da, und du kannst ohne mich nicht existieren. Wenn du es versuchst, kann es dir in deiner Lebenszeit einmal sehr schwer werden, weil du nicht verstehst, wozu du da bist. Du verstehst nicht wirklich zu fragen, es gibt keine Antwort für dich, alles ist für dich nur da, um es zu berechnen.‹

Du träumst z. B., daß deine Kinder sehr schlecht lernen und daß du dich deswegen sehr ärgern mußt; oder du träumst, du seist in der Schule und lernst mit Kindern, es will aber gar nicht vorangehen. Das hat natürlich gar nichts mit der Sorge um das schulische Vorankommen der eigenen Kinder zu tun; im Traum vielmehr bist du so eng mit allem verbunden, daß sich *alles* auf dich bezieht: Du träumst immer von dir! Wenn du dich also im Traum ärgerst, daß dein Kind schwer zu erziehen ist oder nichts begreift, dann bedeutet es: Du selbst kannst nichts lernen; der Ärger ist sozusagen ein guter, denn mit dem Unterrichten und Erziehen will man das Kind eigentlich »verderben«. Es soll doch damit von dem Wissen der Welt beeinflußt werden. Das Kind aber wehrt sich im Grund — zu Recht! — dagegen. Die meisten Kinder haben einen Abscheu vor dem Lernen, sie gehen nicht gern in die Schule. Vielleicht gehen sie gern, weil man dort Spaß mit seinen Kameraden hat, spielen und sich herumbalgen kann, aber in der Regel nicht des Unterrichts wegen. Dieser Widerwille gegen das Unterrichtetwerden, der sich dann auch im Traum meldet, wird in den alten Mitteilungen sehr positiv eingeschätzt.

Das Kind in dir — so die Deutung — widersetzt sich, es möchte diesen Weg nicht gehen, möchte ursprünglich bleiben. Im Leben tust du es vielleicht, studierst viel und bist stolz auf deine Erfahrungen, aber im Traum zeigt's sich, daß du es eigentlich nicht magst. Du ärgerst dich, daß du fortwährend hier wahrnehmen, einordnen und gescheiter werden mußt. Das empfindest du als eine Störung deines Menschseins. Die Überlieferung sagt, daß die Kinder sich widersetzen, wenn man sie Dinge dieser Welt lehrt, und daß das gut ist.

Ganz anders aber verhält es sich mit dem Lernen der Thora. Da gibt es nicht die Verhaftung an Zeit und Raum, die beim Erfassen der Dinge der Welt unumgänglich ist, da kommt das Wissen nicht aus einer Beweisführung, sondern aus dem Menschen selbst hervor. Lehrt man die Bibel dagegen im Sinn untersuchender Exegese oder historischer Beweisbarkeit, und das Kind widersetzt sich dem, dann heißt es: Wohl diesem Kind, wohl diesem Menschen!

Dein Kind meldet sich im Traum wie im Leben, wenn es durch beweisführendes Studieren versklavt zu werden droht. Es meldet sich der Ärger am Kind, der doch gut ist, weil das Kind dann gleichsam zu dir sagt: ›Schau, wie schlimm ich es bei dir habe!‹ Dann ist es gut, heißt es, denn die »neschamah«, die göttliche Seele, *lebt* in dir. Sie ist nicht abhängig von dem, was du in Zeit und Raum erfahren und lernen mußt.

Eine ganz andere Situation ist es, wenn du im Traum als Kind spielst, sei es mit Bauklötzen, der Eisenbahn, im Sand oder an irgendwelchen anderen Kinderspielen teilnimmst. Das alte Wissen sieht darin die Einsicht des Kindes in die Welt. Für ein Kind ist das Spiel sehr wichtig, es möchte nicht gestört werden. Es weiß aber, daß im Hintergrund die Geborgenheit des Hauses da ist, seine Eltern, die für es sorgen. Das Kind sorgt sich nicht. Es erlebt seine Welt im Spiel.

Der Mensch also könnte in der heiteren Gelassenheit leben, daß für ihn schon gesorgt wird. Wozu die Aufregung über Steuern oder Studium? — du spielst doch hier! Das Leben in der Welt ist eigentlich ein Spiel in der Geborgenheit. Sobald der Mensch aber glaubt, es hänge von ihm ab, wird er verbissen und gespannt. Er denkt dann: ›Mache ich es nicht richtig, geht alles schief!‹; diese Spannung kennt das Kind nicht. Wenn es gespannt ist, dann ist es eine freudige oder eine böse Spannung, aber niemals die verbissene, von Sorge gequälte, die man am Erwachsenen kennt.

Das spielende Kind im Traum wird nach der uns schon bekannten paradoxen Struktur gedeutet. Es kann das Leben des Träumers bestätigen, welches zum Glück so ist, daß er das Spiel in der Welt einsieht und die Geborgenheit kennt; es kann das spielende Kind aber den Träumer auch darauf aufmerksam machen: ›Du kannst nicht mehr spielen, die Welt ist dir so wichtig und entscheidend, daß du an ihr zugrunde gehst. Dort drinnen aber, wovon du nichts mehr weißt und ahnst, spiele ich und spiele gern.‹

Bei den Propheten ist die Rede von dem Kind Ephraim mit dem »Spielzeug« im Zusammenhang mit der Erlösung des Menschen (Jeremia 31). Ephraim ist doch der Vater der einen Seite des Messianischen, und von Ephraim heißt es, er spiele wie ein Kind.

Im Midrasch wird erzählt, daß Gott aus dem Himmel zur Welt hinunterschaut und sich daran freut, wenn seine Kinder spielen. An anderer Stelle wird die Frage aufgeworfen, warum es Menschen gibt, die düster und ernst sind und so tun, als ob Gott nicht zuschaut; anstatt sich spielend zu freuen, bilden sie sich ein, sie selbst seien Gott und müßten sich um alles sorgen und alles in Ordnung bringen. Worum der Mensch sich sorgen könnte, wäre die Frage nach dem Sinn des Lebens. Das wäre die Sorge, »Thora zu lernen«. Der Welt kann man im Traum nicht helfen, wie man im Leben den Lauf der Gestirne nicht ändern kann.

Gern — heißt es — sieht Gott die Menschen spielen, denn spielend bezeugen sie ihre Geborgenheit in der Welt. *Messen* wir dagegen den Weltraum und reden ganz gescheit von Millionen von Lichtjahren, verlieren wir uns in kalter Unendlichkeit. Aber im Raum der Welt, in dem wir die Wärme der *Beziehung* spüren, ist alles ganz nah. Da ist, könnten wir sagen, der Himmel auf Erden.

Je entfernter der Raum, desto entsetzlicher für den Menschen. Wenn er das Gefühl hat, Zeit geht in Milliarden Jahre, glaubt er sich verloren: Er — ein unwichtiges Rädchen, ein Nichts! Das geschieht, wenn der Mensch *mißt;* es ist ein Entfernen, ein Objektivieren des Raums.

Die Überlieferung sagt: Wenn du dein Haus baust, deine Hütte, deine »sukka«, dann sei die

Dimensionierung so, daß du Geborgenheit darin findest. Das muß überschaubar sein. Wenn Gott sein Haus baut — wird gesagt —, dann gibt er euch die Maße: so viele Ellen lang und so viele breit; *er* läßt den Raum sich nicht in Undendlichkeit verlieren.

Nach den Erkenntnissen der Naturwissenschaft und der auf ihr basierenden modernen Philosophie ist der Raum — vereinfachend ausgedrückt — von der Vorstellung des Menschen abhängig. Das Raumgefühl bildet sich danach, was man lehrt: Überzeugt man den Menschen davon, der Raum verliere sich in Unendlichkeiten, so nimmt er diese Gefühlsauffassung an; lehrt man ihn die Nähe und Geborgenheit des Raums, dann glaubt er, daß ihm alles nah ist. Es ist wie eine Bestätigung der grundlegenden Zweiheit allen Lebens: Die eine Seite läßt uns verlorengehen, die andere Seite verbindet uns mit allen Möglichkeiten des Lebens.

Kindsein heißt: im Unbewußten die Geborgenheit wissen. Das Kind im Menschen ist entscheidend. Immer, wenn man wittert, daß der Messias kommen könnte, werden die Kinder getötet. Das geschieht beim Kindermord unter Herodes, Pharao will auf diese Art Moses aus der Welt schaffen, und von Nimrod erzählt die Überlieferung, daß er Abraham verhindern will. Man tötet das Kind, weil man weiß, daß die Erlösung *nur* durch das Kind kommen kann.

Daher wird Jesus auch meist als Kind gezeigt; Maria mit dem Kind ist die weitaus häufigste Jesus-Darstellung. Der erwachsene Erlöser wird fast nur am Kreuz abgebildet oder wieder auf dem Schoß Marias (Pietà). Es bedeutet, das Kind, das man zu töten versucht, ist immerwährend als Kind da, die Mutter trägt es, es gehört zu ihr.

Die Erlösung, die Befreiung aus dem Zwang geschieht dem Menschen nur, wenn das Kind noch in ihm lebt. Das Kind glaubt, ist voller Hingabe. Es muß nicht heucheln, um sich zu behaupten, sondern alles tut sich bei ihm nach dem Muster des Spiels. Das Erwachsenwerden des Kindes äußert sich in zunehmender Heuchelei. Es merkt mehr und mehr: ›Wenn ich so und so tue, bekomme ich das, was ich will.‹ Anfangs ist es vielleicht noch ein Spiel, aber doch auch schon Ernst, denn es fühlt, daß die Menschen sehr hart sind, daß sie es nicht verstehen, sondern immer gerade das Nicht-Kindliche von ihm fordern.

Vielleicht erinnern Sie sich, was man beim Eintritt in die Schule zu sagen pflegt: ›Jetzt beginnt der Ernst des Lebens.‹ Das heißt: Kein Spaß mehr, sondern Noten; das kindliche Leben ist zu Ende, man muß sich jetzt an ein anderes Leben gewöhnen. Es zeigt, daß man das Kindsein nur als Phase ansieht, die von einer anderen Phase abgelöst wird.

In früheren Jahrhunderten war das anders. Man kleidete Kinder damals z. B. wie Erwachsene. Man spürte noch: Das ist ein kleiner, das ein großer Mensch — entscheidend aber ist der Mensch, der bleibt gleich. Man hatte keine Theorien über Kinder. Heute wird das Kind als eine Art Sonderfall behandelt, hat seine eigene Kleidung, seine Literatur und seine eigenen Psychologen. Die *Phase* wird betont; die gehe dann vorbei, meint man, und dann erst käme der Ernst. In früherer Zeit, könnte man sagen, fühlte man den gleichen Ernst am Anfang wie am Ende, das Kind blieb. In anderen Epochen war es noch krasser als heute. Da wurde das Kind verniedlicht, man kleidete und behandelte es wie eine Puppe.

Wenn der Ernst kommt, wird das Kind »getötet«; es kann nicht weitergehen, wie es war, der Faden wird abgetrennt. In der Schule zeigt man ihm, was es lernen muß: Denken im Sinne von kausal bedingtem Folgern und Beweisen. Märchen, die früher erzählt und erlebt wurden, gelten plötzlich als nicht mehr wahr. So wird dem Kind im Menschen das Leben, das Erleben genommen.

Nur das Kind hat die Verbindung zur Welt, wie sie eigentlich ist. Es *erlebt* die sieben Zwerge als die sieben Tage der Welt und die böse Hexe als den Einbruch der Schlange und des Teuflischen unvermittelt, ohne Theorie. Die Theorie ist immer etwas Abgeleitetes, kommt erst *nach* dem Erleben. So nimmt man dem Kind das Erleben und gibt ihm die Theorie.

Das Kind freut sich, wenn es hört, daß Engel den Abraham besuchen oder daß Gott das Meer spaltet, um Israel hindurchziehen zu lassen. Wenn man nun aber den Begriff der Wahrheit vom Wunder trennt, die Engel zu Wüstennomaden und die Teilung des Meers als zwar absonderliches, aber im Bereich des Möglichen liegendes Naturphänomen erklärt, nimmt man das Erleben und das Vertrauen ins Leben und gibt einseitige, trockene, rechthaberische Theorie dafür. Das nennt man dann »Entmythologisieren« und ist auch noch stolz darauf. Das Erleben wird als primitiv belächelt; erst wenn es bewiesen ist, hat das Leben eine Berechtigung!

In der Theologie gibt es den Begriff der »Leben-Jesu-Forschung«; man will *beweisen*, daß er gelebt hat! — Ist nur das wirklich, was hier in Zeit und Raum bewiesen werden kann? Gibt es nicht die Phantasie, der Zeit und Raum nur ein Spielfeld ist? Und ist die Phantasie nicht eine ganz gewaltige Wirklichkeit?

Man redet heute viel von Science Fiction. Science, Wissenschaft, muß es sein, aber fiction, Phantasie, wünscht man sich auch. Man läßt also Dinge geschehen, die nach dem heutigen Stand der Technik eigentlich gar nicht geschehen können. Aber die Phantasie ist berechenbar; man extrapoliert das Technische. Wunder kommen nicht vor, nur technische Klugheit. Alles geht dann auch ziemlich gruselig, technisch zu. Den Spaß hat man gerade daran, daß nicht Wunder geschehen, sondern daß gewisse Techniker sehr raffiniert und schlau sind. Nicht mehr um gute oder böse Menschen im moralischen Sinn geht es, sondern um technisch intelligentere oder technisch unerfahrenere.

Am Verhalten der Welt zum Kind können wir sehen, wie es mit dem Kind im Menschen steht. Vielleicht erleben wir heute auch eine Art Kindermord, weil die Erlösung so sehnlich erwartet wird.

Wie es das Erscheinen des Kindes im Traum gibt, so gibt es auch die Begegnung mit dem Alten im Traum. Man träumt, man ist sehr alt oder mit alten Menschen zusammen. Der Alte lebt im Menschen selbst wie auch das Kind. Die Zeit ist im Traum keine Fessel. Im Hebräischen heißt der Alte »saken«, 7-100-50; es ist gleichzeitig das Wort für »Bart« und für »Weiser«.Unser Zeitalter verbindet den Alten eher mit Begriffen wie Altersheim. Da lebt der Alte dann, wenn er denen, die leisten wollen und müssen, lästig wird. Ab und zu besucht man ihn und schaut nach seinem Befinden.

Im alten Wissen ist der Alte derjenige, der Einsicht hat und daher weise ist. Nicht die Weisheit der Bücher ist gemeint, sondern jene Weisheit, die dem Alten kommt, weil er eingesehen hat, daß er tatsächlich wie das Kind leben kann: glaubend und dennoch Erfahrungen sammelnd. Beide Seiten, das Sein und das Werden, weiß er in sich; und im Alter lebt er nicht im Schrecken, daß er bald fort muß aus der Welt, sondern er erkennt, daß er an der Grenze steht, wo die neue Welt anfängt.

Die Überlieferung deutet den Namen Joseph als »Herr der Grenze«. Hebräisch »sof« ist »Ende«, »suf« heißt »Schilf«. Schilf aber wächst an der Grenze zwischen Land und Meer. Wo die eine Welt, das Land, aufhört, ist das Schilf, das Ried; das Schilf aber kündigt gleichzeitig auch die neue Welt, das Wasser, an. »Sof« als »Ende«, »Schluß«, meint nicht das Definitive, sondern einen Schluß, der sagt: Jetzt kommt das Neue. Daher ist der Name Joseph so wichtig als Vater von der Seite Ephraim, als Vater Jesu auch im Neuen Testament. Er ist Vater — aber nicht im Sinne des Kausalen, denn die Erlösung, heißt es, geschieht immer vom Akausalen her.

Eng verwandt mit »sof« ist »safa«, ein Wort, das »Ufer«, aber auch »Sprache« bedeutet. Der Sprache eignet ebenfalls dieser Grenzcharakter. An der einen Seite hat sie das Rationale, die grammatikalische Systematik, an der anderen Seite ist sie das Wunder, das von Gott kommt. Die Sprache steht an der Grenze.

Beim Alten ist es ebenso: Er steht an einer Grenze und kann dir deshalb von beiden Welten erzählen, von dieser hier und von jener dort. Träumst du vom alten Menschen, vom Vater, Großvater oder anderen Alten, dann träumst du von dir selbst, wo du als Alter lebst. Wie aber lebt der Alte in dir? Hast du Angst vor dem Alter? Erscheint der Alte dir als geifernder Greis, der von der Welt aufgebraucht wurde, weil man glaubt, man müsse nur immerzu leisten, der am Ende aber einfach nicht mehr kann?

Wie verhältst du dich dem Alten gegenüber? Schaffst du ihn in ein Altersheim und bezahlst dafür? Oder kann der Alte sich behaupten, behält seine eigene Wohnung, läßt sich nicht einsperren? Möchtest du ihn gern loswerden, ihn von dir wegbringen, weil du nur die Welt um dich haben möchtest, die *funktioniert*? Für das Funktionieren hat die Welt ja auch ein Alter festgelegt: Bis 65, Frauen weniger; dann wird man pensioniert und darf unbrauchbar sein.

In den Mythen und in der Bilderwelt der Bibel ist es genau umgekehrt: Je älter die Könige, Weisen und Patriarchen werden, desto geschickter, gewaltiger und angesehener werden sie. Heute aber will man im allgemeinen das Alter gern verdrängen. Es gibt eine weitverbreitete Angst vor dem Altwerden, man will gern zeigen, daß man jung ist. In den Klageliedern von Jeremia heißt es, daß der Tempel verwüstet wird, weil keine Ehrfurcht mehr vor dem Alter besteht; man tötet den Alten.

Selbst möchte man nicht gern als Alter gesehen werden, weil die Welt den Alten nicht respektiert. Die Angst vor dem Alter kommt, weil man seine Zukunft nicht in einer anderen Welt sehen will; wie man ja auch Angst vor dem Kind hat, das aus einer anderen Welt kommt. Der Alte zeigt die Grenze: eine andere Welt kommt näher und näher. Es bleibt nicht die Welt Josephs; der Name drückt doch schon aus, daß etwas Neues danach noch kommt. Gemeint ist nicht, daß »noch mehr kommen«, sondern daß etwas Neues kommt, etwas, das ganz anders ist. Die Grenze ist da, und jenseits der Grenze ist die neue Welt; das ist es, was man von Joseph immer erhofft.

Wir wissen schon, daß die Zahl 17 im Hebräischen das Ende einer Welt anzeigt. Ende aber bedeutet hier Übergang in eine neue Welt. Im Schöpfungsbericht wird jeder Tag mit der Zahl 17 beschlossen, dem Zahlenwert des Wortes »tow«, »gut«. Gott sieht, daß es »gut« ist. Das will sagen: Der Tag ist zu Ende, aber das Ende ist kein Untergang, sondern ein neuer Tag, eine neue Welt ist nun möglich. Dein Leben geht zu Ende, aber das Ende ist der Übergang ins neue Leben.

Wenn du das Leben hier, die Gegenwart, abtrennst vom neuen Leben, das Ende nicht als Übergang, sondern als endgültigen Untergang siehst, dann kommt dir Angst (von »Enge«) und Panik. Ständig mußt du dann etwas verdrängen. Und all die Ungerechtigkeit, die dann *bleibt?!* Hart und stolz geht die Welt weiter. Das ist nicht zu ertragen. Erschöpfung kommt über den Menschen, und er wird ein Alter, der nicht mehr kann. Eine Gesellschaft, die sich der Leistung verschreibt, erschöpft den Menschen, macht ihn todmüde.

Nach der Überlieferung erfolgt der Angriff Amaleks auf Israel in der Wüste, wenn Israel müde und erschöpft ist (2. Mose 17). Amalek, heißt es, hat nur eine Angriffsmöglichkeit, wenn du müde bist. Und »müde« bedeutet: Du hast keine Freude mehr, du möchtest wegdämmern, du bist verbraucht. Der sich aber des Tages freut, ist am Abend voller Ruhe und Übersicht. Er ist so wach, daß man ihn zu Rate zieht. In Schwierigkeiten wendet man sich an ihn, weil er an der Grenze steht und deshalb von *dieser* und von der anderen Seite erzählen kann. Erfahrung wird im alten Wissen nur dem zugesprochen, der an der Grenze Diesseits und Jenseits verbindet; das Gescheite, Taktierende, Raffinierte — was meist unsere Vorstellung von »Erfahrenheit« prägt — hat damit überhaupt nichts zu tun.

Wie du dein eigenes Altertum erlebst, davon hängt es ab, wie der Alte oder die Alten dir im Traum erscheinen. Es geht nicht um das Alter an Jahren, sondern darum, ob du dir in allen Phasen deines Lebens bewußt bist, daß du als Alter an der Grenze stehst, übergehst in eine andere Wirklichkeit. Die Weisheit des Alten ist, sich in beiden Seiten lebend zu erkennen. Nimmst du diese Welt so ernst, als gäbe es *nur* sie, dann bist du erschöpft und ein verbrauchter Alter, vor dem dir graust. Macht dir die Welt und was dir zukommt Freude, weil du weißt, daß du hier nicht isoliert bist und abgeschnitten von der anderen Welt, dann erlebst du die heitere Gelassenheit des Alten, der nicht müde wird, sondern weitergehen kann.

Das Erscheinen des Alten im Traum wie im Leben stellt dir die Frage: Kennst du dein Altertum? Wie hast du es in dein Leben eingefügt? Im Midrasch heißt es: Das Idealbild der »Völker« ist der junge Athlet, das Israels aber der Alte. Es bedeutet, Israel *im* Menschen ist die Grenze, an der die eine *und* die andere Welt sich treffen; Israel fürchtet sich nicht vor der anderen Welt, es hat Einsicht in sie, es weiß, daß sie da ist.

Die »Völker« aber — und gemeint sind wiederum die Völker *im* Menschen — zeigen den Athleten, den jungen Starken. Sie verherrlichen *diese* Seite des Lebens. Der Athlet ist ein Held im Sinn diesseitiger Leistung. Die Helden Davids aber — wird erzählt — sind alle 70 Jahre, auch Salomos Helden sind Alte.

Im Traum wird dir klar, wie dein Altertum in dir lebt; du erfährst es in der Art, wie du dem Alten begegnest. Hast du Angst vor ihm? Beleidigst du den Alten? Ist er dir lästig? Macht er dir

Vorwürfe? Oder ist er dein Lehrer? Erzählt er dir und du hörst ihm gern zu? — Ich hoffe, auch das Bild des Alten im Traum ist Ihnen jetzt etwas klar geworden und Sie verstehen nun, was es für unser Leben bedeutet, *wie* wir uns als Alter gegenüberstehen.

Ich möchte nun mit einem neuen Thema beginnen: dem Bild der Krankheit im Traum. Man träumt, man sei krank oder andere seien krank oder man besucht Kranke im Spital; es gibt allerlei Möglichkeiten, von eigener oder fremder Krankheit zu träumen. Viele Leute halten solche Träume für ein schlechtes Vorzeichen. Sie fürchten sich, denn sie glauben, sie würden dann selbst krank. — Die Deutung im alten Wissen aber ist eine ganz andere: »tow lo« heißt es da knapp, und das bedeutet »gut ist ihm«.

Bei der Krankheit zeigt sich etwas Merkwürdiges: eine Abhängigkeit. Als Kranker ist man abhängig wie ein Kind. Der Nachdruck liegt nicht auf der Aktivität wie beim Gesunden. Die Krankheit zeigt dir: Es wird für dich gesorgt, andere beschäftigen sich mit dir.

Das hebräische Wort für krank, »chole«, kommt vom Stamm »chol«, ein Wort, das soviel wie »allgemein«, »gewöhnlich«, bedeutet. Man nennt die 6 Tage der Woche »chol« gegenüber dem 7-ten Tag, dem Sabbat, der »kadosch«, »heilig«, heißt.

Im »chol« der Woche, wird gesagt, mußt du tun, aktiv sein; aber bedenke, das Tun in der Woche hat einen Sinn, es sei immer darauf gerichtet, daß du es für den 7-ten Tag tust, für die andere Seite. Man arbeitet und verdient Geld, damit man den Sabbat schön hat, das Zentrum von allem. In alten und neuen jiddischen Erzählungen ist es ein häufiges Thema, daß sich gerade die Armen nur darum sorgen, genug Geld zu haben, um einen festlichen Sabbat feiern zu können.

Von der Ruhe des 7-ten Tages heißt es: Es gibt keine Krankheiten, es gibt keine Angst, es gibt keinen Tod — diese Ruhe ist frei von alledem. Der Kranke aber ist abhängig, er weiß, daß das, was ihm geschieht, ein Sich-richten dorthin ist, wo das Heile, das Ganze, das Heilige ist. So zeigt der Kranke den Menschen, wie er wirklich ist: in der Welt des Weges der 6 Tage, aber auch in der Gewißheit, am 7-ten Tag zu gesunden. Daher sagt die Überlieferung, daß während der Wüstenwanderung, im 7-ten Tag, die Krankheiten von Ägypten zu Ende sind; die Krankheiten aus dem Reich der 6 gibt es dann nicht mehr. Gehe nur — heißt es — den Weg des 7-ten Tages hier, dann wird keine Krankheit dich befallen.

Aber wir wissen auch: Bis ans Ende der Tage, ans Ende der Zeit, wird es Krankheiten geben, Kriege und Ärgernis. *Immer* also lebst du *auch* im »chol« der Woche, in der Zeit des Weges *zum* 7-ten

Tag, wissend dennoch: ›Ins Heilsein gehe ich.‹ Daher hat der Kranke im Traum eine gute Bedeutung.

Wie stehst du dem Kranken gegenüber? Ist er dir lästig? Glaubst du nur an Medikamente, schnell wirkende Spritzen? Verdrängst du die Krankheit, möchtest sie schnell wieder vergessen? Dann verstehst du nicht, wozu die Welt da ist, dann könnte es sein, daß du auch alles Mögliche tust, um die Wirklichkeit zu verdrängen; du fliehst vielleicht aus der Wirklichkeit in einen Rausch, im Glauben, das Andere käme dir dann.

Siehst du den Kranken im Traum von Ärzten umgeben und spielen Medikamente eine Hauptrolle, dann zeigt es: Kein Vertrauen. Im alten Wissen ist immer nur vom *Besuch* beim Kranken die Rede. Man soll, wie es auch die alten hebräischen Gebete überliefern, den Kranken besuchen. Wenn du ihn besuchst, wird gesagt, habt ihr ein Gespräch miteinander, und dieses Gespräch heilt.

Denken Sie nun nicht an ein »tiefsinniges« Gespräch! Vor allem soll man nicht über die Ursache der Krankheit reden. Das ständige Herausfindenwollen des Grundes vertieft die Krankheit nur. Man sagt, es sei völlig unwichtig, was man mit dem Kranken spreche, wichtig allein sei die Verbindung zu ihm. Zeige ihm, daß du ihn achtest. Beim Kranken, heißt es, ist die »schechina«, Gottes Anwesenheit in der Welt. Sie stehe, wird gesagt, am Fußende des Bettes; daher rührt der Brauch, sich nicht ans Fußende, sondern mehr zum Kopfende des Kranken zu setzen, um die »schechina« nicht zu verdrängen. Die »schechina« ist auch beim Gefangenen, denn in der Welt ist Gottes Anwesenheit in Gefangenschaft. Besuche bei Kranken oder Gefangenen werden sehr wichtig genommen.

Selbstverständlich soll hier nicht einer Heilungsmöglichkeit durch ärztliche Kunst widersprochen werden. Die Wissenschaft der Medizin ist mit ihren Behandlungsmethoden eine gewaltige Hilfe für den Menschen. Allerdings zeigt sich im Wissenschaftlichen — und heute vielleicht besonders stark — eine Art Besessenheit des Heilens. Man glaubt, man müsse immer gleich eingreifen. Das ist wie ein Zwang, der aus einer Art Anmaßung hervorkommt. Wird der Arzt nicht sofort irgendwie aktiv, indem er Medikamente oder Spritzen verabreicht, mißtraut man ihm schon. Manchmal hat man den Eindruck, die Leute glauben nur, daß es echt sei, wenn operiert wird, wenn Blut fließt.

Deinem Verhalten dem Kranken gegenüber wird große Bedeutung beigemessen. Komme nie zu ihm, heißt es, als ein hochmütiger Gesunder. Freue dich vielmehr am Gespräch und lerne von ihm, wenn er dir erzählt, was er erlebt. Denn du bist auch auf dem Weg, du stehst nicht über ihm; ihr seid gleich, ja, du kannst von ihm mehr lernen als er von dir.

Der Kranke wiederum freut sich, daß du da bist, denn er bedarf der anderen Seite. Das hebräische Wort für gesund ist doch, wie wir uns erinnern, dasselbe Wort wie für schöpferisch. Das Kreative, der Gesunde, steht beim »chol« als Neues da, als Schöpfung; deshalb ist es gut, wenn der Gesunde zu Besuch kommt, aber er sei demütig, denn der Kranke ist im Gespräch, die »schechina« steht bei ihm.

Wie begegnest du dem Kranken im Traum? Meidest du ihn? Machst du einen Bogen ums Krankenhaus? Erschrickst du, wenn du einen Krankenwagen siehst? Ein Meiden des Kranken und ein Von-sich-fernhalten des Krankseins bedeutet: Du meidest dich selbst dort, wo du ein Kranker bist. Denn *jeder* Mensch hier ist auch »chol«, »entweiht«, »gewöhnlich«, »der Norm entsprechend«.

Ich habe schon davon erzählt, daß nach der Überlieferung Jakob Gott um Krankheit bittet (Band I, Seite 216 f.). Vor Isaak und Jakob gibt es, wie gesagt wird, keine Krankheit: Man ist im Leben plötzlich da und ebenso plötzlich aus dem Leben; man »niest« — wie es heißt — und der Lebensatem der »neschamah« schwindet. Daher auch heute noch der Brauch, »Gesundheit!« zu sagen, wenn jemand niest.

Wenn Jakob nun Gott um Krankheit bittet, so meint das: Er möchte so leben, daß er während seines Lebens hier an das Andere denken kann, daß das Andere gleichsam in sein Leben hier schon hineinspielt. Leben ist damit Weg und Übergang zum Tod und nicht mehr der unvermittelte Wechsel von Alles zu Nichts. Dieser Übergang, dieses fortwährende Sehen des Todes vor dir macht, daß du fortwährend krank bist, fortwährend angegriffen wirst. Als solcher möchte Jakob betrachtet werden, das meint er mit seiner Bitte um Krankheit.

Für den Menschen bedeutet es, daß er eigentlich immer auch krank ist. Will er das nicht wahrhaben, leugnet er die Wirklichkeit, wie er sie auch leugnet, wenn er nicht wahrhaben will, daß er immer auch ein Kind oder ein Alter ist. Die Wirklichkeit leugnen heißt, dem Leben das Fundament entziehen.

Es gibt nun aber auch Leute, die träumen, daß sie sich sehr gut fühlen, wenn sie leiden und krank sind. Im wachen Leben entspricht dem ein Verdrängen des Leidens. Auch das ist eine Leugnung der Wirklichkeit, denn das Leid *ist* im Menschen und in der Welt wie die Freude. Wenn du eine Art Wohlgefühl im Kranksein hast — wozu bist du dann krank? Kranksein bedeutet doch gerade: Etwas *fehlt* dir, das tut weh, darunter leidest du, denn du bist auf dem Weg.

Der Traum von der Heilung eines Kranken wird als Erlebnis des Übergangs von der Woche in den Sabbat gedeutet: Du träumst dann das Geschehen am Freitag. Eigentlich solltest du sterben, stattdessen kommst du in eine andere Welt. Es ist auch das Geschehen am Freitag der Schöpfungsgeschichte: Du verlierst das Paradies und damit das Leben; es kommt aber die Welt des Sabbat, der Ruhe, des Zuhauseseins.

Der 7-te Tag, der Sabbat, beginnt mit zwei brennenden Kerzen und zwei Broten. Es ist die Zweiheit, die jetzt ganz klar da ist, weil du weißt, daß die Zweiheit dir Verwicklungen bringt, damit du den Weg der Einswerdung gehen kannst, damit es zur Einheit kommt. Es beginnt mit dem Weiblichen, geht dann zum Männlichen, und die beiden kommen zusammen: Es wird Einheit. Der Weg, der jetzt kommt, bringt eine neue Welt, bringt auch die Freude darüber, daß das Licht bleibt. Ich habe Ihnen doch von der Panik Adams erzählt, der glaubt, er gehe unter, als es nach der Vertreibung aus dem Paradies zum ersten Mal dunkel wird (Band I, Seite 124 ff).

Das Licht des 6-ten Tages aber geht nicht unter, es bleibt hell, auch während des ganzen 7-ten Tages. Erst am Ende des 7-ten Tages geht es unter. Dann zeigt Gott dem Adam mit den Steinen das neue Licht (Band I, Seite 127 f). Es ist der »ewen schetijah«, der »Grundstein der Welt«. Mit dem neuen Licht, heißt es, kannst du unterscheiden zwischen »kodesch« und »chol«, zwischen heilig und unheilig. Das ist es auch, wovon man am Ausgang des Sabbats spricht; man macht jetzt, am Anfang des 8-ten Tages, die Unterscheidung zwischen dem einen und dem anderen. Vorher *konnte* man das gar nicht sozusagen. Vorher wurde gesagt: Vom Baum der Erkenntnis kannst du gar nicht nehmen, d. h., zwischen gut und böse *kannst* du nicht unterscheiden. Jetzt aber, am 8-ten Tag, ist diese Möglichkeit da.

Der Übergang vom 6-ten zum 7-ten ist das Geheiltwerden. Ich habe schon darauf hingewiesen, daß sich dieses Heilmachen auch in der Verbindung der letzten beiden Buchstaben des 6-ten mit den ersten beiden des 7-ten Schöpfungstages ausdrückt, von Jod-He mit Waw-He zum Namen Gottes. Heilung bedeutet dieser Übergang.

Im Traum kann sich das Bild der Heilung als eine Art Bestätigung deines Lebens zeigen, aber sich auch als Warnung, als Drohung melden. Man sagt: Wenn du dich gut fühlst beim Erwachen, dann lebt das Heile auch bei dir; wenn du aber verstört bist und dich unwohl fühlst, will es dich auf etwas hinweisen, das du verdrängst.

»Schlecht ist ihm« lautet die Deutung im alten Wissen, wenn einer davon träumt, daß er sich sehr um seine Gesundheit sorgt. Heute hat man oft den Eindruck, daß aus der Gesundheit ein Götze gemacht wird; man glaubt an die Gesundheit als an eine Art höchstes Gut und vergißt dabei, daß im Leben Gesundheit und Krankheit abwechseln. Leben heißt eben auch, *beides* gelassen anzunehmen. Man soll sich nicht einreden lassen, daß Gesundheit das Ergebnis einer Leistung und Krankheit eine Art Schuld sei. Sorge dich nicht um Gesundheit, lebe aus der Gewißheit, daß für dich gesorgt ist. Nichts gegen Vitamine, eine gute Ernährung und Hygiene; die ständige Sorge aber darum, die viele Menschen gefangenhält, ist eigentlich eine schlimmere Krankheit als die, vor der man sich schützen will.

Ich möchte jetzt zu einem anderen Traumthema überwechseln. Du träumst z. B. von einer Hochzeit oder einer Verlobung, sei es, daß du selbst heiratest, sei es, daß du bei einer Verbindung anderer zugegen bist. In der Welt der Einheit bedeutet es, daß du dich nach der Verbindung mit der Gegenseite sehnst oder daß du die Gegenseite vielleicht schon gefunden hast. Jeder Mensch hat, wie wir wissen, das Männliche und das Weibliche in sich; es ist so gleich und doch ungleich wie etwa die rechte und linke Hand: es ist von Grund auf verschieden.

Das Männliche, hebräisch »sachar«, ist das Verborgene, die Er-innerung, das Geheime; das Weibliche, hebräisch »nekeba«, die Umhüllung, die Höhle. Im Weiblichen ist die Erscheinung, das Sich-Zeigende; du spürst dabei aber, daß etwas Verborgenes mitkommt. Es muß eine Verbindung bestehen. Wie aber kann sich das Verborgene im Geheimen mit dem Erscheinenden verbinden?

Die Suche nach dieser Verbindung bewegt den Menschen auf allen Ebenen. Man glaubt, das Funktionieren dieser Verbindung z. B. durch besondere Kenntnisse und Kombinationen enträtseln zu können. Dem haben sich alle möglichen Arten esoterischer Richtungen verschrieben, z. B. auch eine oft dahin tendierende Astrologie. Derartige »Ehen« nennt das alte Wissen »kischuf«, »Zauberei«, »Magie«; sie drücken »Unzucht« aus, denn gesucht wird dabei eben nicht die Ehe, sondern ein Nutzen, ein Vorteil. Die sehr beschränkte Freude, die daraus kommen mag, wird als das Ganze angesehen: Das ist ein Betrug am Ganzen, könnte man sagen.

Wirkliche Verbindung aber kann nur entstehen, wenn das Männliche im Weiblichen, und das Weibliche im Männlichen *das ganz Andere* sucht und findet, das ganz Fremde, eben nicht das eigene Bekannte. Daher sagt die Bibel, daß der Mann nicht die Schwester oder nahe Verwandtschaft zur Frau nehmen solle. Diese »Suche in der Nähe« ist falsch. Suche das ganz weit von dir Entfernte, heißt es, das bist du. Denn versprengt bist du worden, weit weg, und dort, im Fernen, suchst du wieder zusammenzukommen mit dem andern, suchst dich. Im Traum von der Hochzeit erlebst du, daß du dem andern in dieser Suche schon ganz nahe bist, oder erfährst vielleicht sogar das Zusammenkommen.

Es will nicht sagen, daß dieses Finden einmal und für immer geschieht. Du findest es vielleicht in einer Phase deines Lebens und glaubst, es sei für immer. Dann aber kommt eine neue Phase, und wieder sehnst du dich nach neuer Verbindung. Man »heiratet« in diesem Sinne nicht nur einmal, sondern jeden Tag, ja, eigentlich jeden Moment. Immer ist das andere dir gegenüber und bittet dich: Hier ist Erscheinung, die muß erlöst werden, die »Frau« soll nicht »sitzenbleiben«. Sie soll keine »alte Jungfer« werden, sondern den Mann bekommen.

Laß das Erscheinende im Leben nicht unverbunden, laß es nicht alt werden, sondern erlöse es, führe es zur Hochzeit. So gilt es auch als sehr gute Tat, ein Paar zusammenzuführen, es möglich zu machen, daß die Braut einen Mann bekommt. Das Geheime soll kommen und das Erscheinende erlösen. Das Erscheinende bittet seinem Wesen nach um Erlösung: Was tue ich hier? Was bedeute ich? Alles Erscheinende stellt unablässig diese Fragen. Warum ist Überfluß in der Welt und warum Mangel? Was geschieht mit der Saat, die nicht aufgeht? — Jeden Augenblick also »heirate«, freue dich, bei der Hochzeit dabeisein zu dürfen.

Die Hochzeit *hier* zwischen Mann und Frau ist — im Äußersten, Schwersten, Verdichtetsten — ein Ausdruck dessen, was als immerwährende Verbindung oder Sehnsucht nach Verbindung in uns lebt. Wie doch auch Lamm und Löwe in der Welt hier zeigen, daß Lamm und Löwe *sind*, also im Sein vorkommen sozusagen. Lamm und Löwe *erscheinen* in der Welt und bitten auch, könnte man sagen, dich um Erlösung. Sieht man den Löwen nur als nützlich für den Safari-Tourismus an und im Lamm lediglich einen Wolle- und Fleischlieferanten, dann verhindert man die »Hochzeit«, das Leben verödet. Schon beim Anblick dieser Tiere aber empfinden wir unwillkürlich viel mehr, als das, was unsere engen Nutzen-Interessen festlegen.

Träumst du von einer Hochzeit, so erlebst du die Verbindung von Verborgenem und Offenbarem; die Deutung ist paradox: Es kann sein, daß dir die Verbindung nahe ist, daß sie in deinem Leben wirkt und so erscheint; es kann aber auch sein, daß sie dir erscheint und melden will: Warum hast du die Verbindung nicht, läßt die »Frau« allein?

Von diesem Ausgangspunkt her können Sie nun, hoffe ich, die unendlich vielen Traummöglichkeiten der Verbindung von Mann und Frau oder deren Verhinderung vielleicht besser verstehen. Was es z. B. bedeutet, wenn eine Frau im Traum verfolgt oder vielleicht sogar vergewaltigt wird? Allein — und das heißt auch: alleingelassen — kann sich die Frau nicht verteidigen; sie kann es nur, wenn das Verborgene mit ihr verbunden ist. Sind wir uns bewußt, daß unser Untersuchen, Sezieren und

Analysieren des Erscheinenden auch eine Art Preisgeben der Frau bedeuten könnte?

Von Virchow, einem der »Helden« der modernen Medizin, ist der Ausspruch überliefert, er habe »beim Sezieren nie eine Seele gefunden«. — Gewiß konnte er sie nicht finden. Sezieren bedeutet: die Frau alleinlassen. Sind Mann und Frau aber verbunden, wie sollte man da überhaupt auf die Idee kommen, die Seele zu suchen? In der Verbindung ist das Verborgene, die Seele, doch da. Vielleicht träumte Virchow, als er diesen Ausspruch tat, von der wahren Ehe — nur wußte niemand diesen Traum zu deuten.

Vierundzwanzigstes Kapitel

Die Mutter · Das Geheimnis der Erde · Gottes »schechina« · Mater dolorosa · Der Vater · Der Lehrer · Abrahams Urvaterschaft · Abimelech und die Philister · Absalom, der »Vater des Friedens«

Wir reden vom Erscheinen des Menschen im Traum. Ich hatte schon angedeutet, daß wir auch von den Eltern reden wollen, von der Mutter und vom Vater. Ich möchte mit der Mutter beginnen. Es muß nicht die eigene Mutter sein, die im Traum auftritt, es kann eine andere Frau sein, die aber in ihrem Wesen als Mutter erscheint.

Was bedeutet die Mutter im Traum, also in jener Wirklichkeit, die das Sein und das Werden in einem enthält? Dort ist es nicht die Mutter in ihrer sozialen Funktion, wie wir sie hier in vielen Varianten erleben können. Hier ist es so, daß sie dir — je nachdem — Fürsorge und Liebe schenkt, also eine gute Mutter ist, manchmal aber auch lästig in ihren Forderungen oder in ihrer Anhänglichkeit; entsprechend dankbare oder anhängliche Gefühle bringst du ihr dann entgegen, bist aber auch lieblos vielleicht oder möchtest dich ihrem Einflußbereich entziehen. Davon aber möchte ich in diesem Zusammenhang nicht reden.

Was ist das Bild der Mutter im Wesentlichen? In der hebräischen Sprache heißt Mutter »ima«; dieses Wort wird gleich geschrieben wie »ama«, Elle. Die Elle aber ist das Maß, mit dem in der Bibel alles gemessen wird. Sie zeigt — wie man sagt — das Maß des Menschen, welches immer mit dreieinhalb Ellen angegeben wird. Seine Elle reicht von der Fingerspitze bis zum Ellenbogen, und im Durchschnitt also mißt jeder Mensch diese seine Elle dreieinhalb Mal. Der Raum des Menschen sind aber 4 Ellen. Die halbe Elle über die Dreieinhalb ist das Verborgene in der Erscheinung des Menschen.

Von der Dreieinhalb habe ich schon gesprochen (Band I, Seite 131 f). Das ist ein ganz wichtiger Maßstab, der sich nicht nur im Raum, sondern auch in der Welt der Zeit zeigt. Die ganze biblische Zeit wird in den dreieinhalb Weltzeiten gesehen. Die Elle also mißt den Menschen im Raum; gleichzeitig geben ihm die dreieinhalb auch sein Zeitmaß. Und die Elle mißt Hand und Arm, jene Körperteile, die mit dem Handeln und Behandeln verbunden sind. Die Hand drückt doch in Daumen und Fingern das Verhältnis der 1 zur 4 aus, dem wir schon sehr oft als grundlegendem Verhältnis begegnet sind; entsprechend verhält sich die Elle zum Ganzen des Körpers wie die 1 zur Dreieinhalb.

Ein weiterer, im Wort »ama« verborgener Hinweis auf die Bedeutsamkeit der Elle ist der sogenannte Athbasch-Wert* dieses Wortes, der 500 beträgt. Auch dieser Zahl sind wir schon mehrfach begegnet und haben ihre Bedeutung ausführlich im ersten Kapitel besprochen. Es ist ein Maß, das *hier* gar nicht existiert. Wir können hier nur bis zur 400 messen, 500 ist das Jenseits der Welt. Das aber gerade ist im hebräischen Wort für Mutter mitenthalten; nicht gedankliche Spekulation, sondern die Sprache selbst offenbart es.

Im Bild der Mutter zeigt sich unsere irdische Herkunft. Das ist nun nicht im Sinne einer linearen Kontinuität zu verstehen, in der wir dann von Großmutter, Urgroßmutter usw. sprechen würden. Auch ist mit »irdisch« viel mehr ausgedrückt, als was wir nur im gleichsam handgreiflichen Sinn darunter verstehen könnten. Das Irdische ist nicht nur die äußerste Schale; denn diese wird doch gerade von vielem Inneren gehalten, stabilisiert sozusagen. Die Erde, das Irdische, trägt ein Geheimnis. Die Erde als Ganzes ist lebendig, das Äußerste, was wir sehen — Lehm, Erde, Steine —, für unsere Augen nicht. So suchen wir die Geheimnisse der Erde mit chemischen und physikalischen Methoden zu ergründen, weil wir sie sonst vielleicht gar nicht ertragen könnten.

* Zu Wesen und Praxis des Athbasch-Prinzips vgl. F. Weinreb, »Zahl, Zeichen, Wort«, Hamburg 1978 (rde 383), Seite 31 ff.

Im Hebräischen heißt Erde im Sinne der materiellen Erscheinung, als das Tastbare »aphar«. »Phar« ist der Wortstamm für »Frucht«, »Fruchtbarkeit«, »Stier«. Schon im Namen also zeigt der Staub der Erde etwas, das auch Frucht hervorbringt. Erde ist nicht nur der feste Grund und Boden, auf dem wir uns bewegen und auf den wir bauen. Erde ist für uns das Fundament überhaupt, die Möglichkeit, hier sein zu können.

Immer auch trägt die Erde die Möglichkeit zu neuem Leben in sich. Die Toten werden in die Erde gelegt, weil ein selbstverständliches Wissen besteht, daß aus der Erde Neues hervorgeht. Wenn wir Saat in den Boden legen, wissen wir, daß Frucht hervorkommt; *wie* aber das Keimen und die weiteren Verwandlungen vor sich gehen, welche die endgültige Frucht bestimmen, bleibt ein Geheimnis, ist eine Überraschung. Noch viele andere Geheimnisse und Überraschungen birgt sie für uns, daher sprechen wir von der Erde als Mutter: Mutter Erde.

Der Name Mutter trägt, wie wir gesehen haben, mit der 500 das Geheimnis des Ewigen, des Unabhängigseins von Zeit und Raum; gleichzeitig aber auch das In-Zeit-und-Raum-enthalten-sein. Die 500 enthält die 400; der 400 tritt etwas gegenüber, denn eine höhere Zahl als 400 gibt es nicht im alten Wissen, *kann* es gar nicht geben, weil die 400 das Äußerste in Zeit und Raum Vorstellbare ausdrückt. Zur 400 tritt die 100; entsprechend gibt es keinen eigenen Namen für 500 im Hebräischen, sondern man sagt und schreibt »hundert vierhundert« oder »vierhundert hundert«, also Taw Kof.

Das Bild der Mutter enthält die Herkunft aus dem Zeiträumlichen; im Zeiträumlichen allein aber ist kein Ursprung zu finden. Nimmt man eine Art Urkern und eine Art Urknall an, dann bleibt die Frage nach dem, der es hat knallen lassen umso dringlicher gestellt. In der 400 ist eine Antwort nicht zu finden, so weit wir auch gehen — und wir können tatsächlich unendlich weit gehen —: Es biegt sich immer zum Kreis. Die Frage nach dem Anfang aber bleibt unausweichlich, unser Verstand zwingt uns einfach, sie zu stellen. Selbst darin äußert sich ein unausweichlicher Weg zur *anderen* Seite, in der es nicht schließt, in der Beweise nicht gelten.

Die andere Seite ist das Göttliche, die göttliche Mutter. Im Judentum spricht man von der »schechina«, dem »Wohnen«; es ist nach Schreibweise und Aussprache ein weibliches Wort. »Schechina« bedeutet das Wohnen Gottes hier. Davon kann man sich keinerlei Vorstellung machen, denn dieses Wohnen ist etwas Jenseitiges; jede Vorstellung aber bleibt im Bereich der 400.

Das Weibliche also ist göttlich. Bei Gott ist männlich und weiblich eins. So auch hat Gott den

Menschen gemacht: männlich und weiblich in einem. Wo Gott sich sozusagen spaltet und dadurch die Welt entstehen läßt, ist die Welt gleichsam das Weibliche. Als Vater der Welt ist er dann das Männliche. Die Welt als Weibliches ist von ihm, daher ist die »schechina«, die in diese Welt zieht, die Welt im Aspekt der 100 gegenüber der 400, im Aspekt der Einheit — des Ganzen —, der 1 gegenüber der Vielheit — dem Zersplitterten —, der 4. Die Mutter ist beides.

Von der Mutter nur von der Seite der 400 her zu sprechen, wird Verrat genannt, ist ein Angriff auf die Mutter und bedeutet ein Vergewaltigenwollen. Im Weiblichen kommt das göttliche Geheimnis mit. Das gehört zum Wissen vieler Kulturen. Denken Sie z. B. nur an die Marienverehrung im Katholizismus. Ob dieses Mysterium der Mutter nun verstanden wird oder nicht, ist gar nicht wichtig. Mit Maria ist etwas ganz Besonderes in der Welt. Ihr Name, hebräisch Mirjam, enthält den Stamm »mar«, »bitter«. Sie trägt das Leiden.

Warum leidet Maria? Weil sie weiß, daß ihr Kind mißverstanden werden wird. Die Frucht wird »gezeitigt«, der Zeit ausgesetzt; jedes Kind erfährt die Attacken der Welt. Lernen soll es, hart werden, um den Kampf ums Dasein bestehen zu können. Die Mutter weiß es, das ist bitter. Und das Los des Kindes — das weiß sie auch — hat irgendwie mit ihrem eigenen Schicksal zu tun. Gott hat das Weibliche hierhergeschickt, ins Exil, wie man sagt; die »schechina« ist hier im Exil.

In der Verbannung aber — hebräisch »galut« — wird die »schechina« nicht erkannt. Man versucht, sie zu messen und zu zählen und in Zeit und Raum zu placieren. Wo ist, fragt man dann z. B., Marias Grab? Wo ist der Ort, von dem aus sie in den Himmel aufgestiegen sein soll? Man fühlt sich nicht befriedigt, wenn man es nicht hier in die 400 bringen kann. Wir dulden nicht, was sich unseren Sinnen entzieht. Wir dulden es nicht, weil es uns daran erinnert, daß wir nicht nur aus dem bestehen, was von uns erscheint, sondern auch aus dem, wonach wir uns sehnen oder wovor wir Angst haben.

Ein Traum von der Mutter macht dir klar: Du hast zwei Seiten in deiner Herkunft, der 400 stehen immer die 100 gegenüber. Dieses Gegenüberstehen ist ein Widerspruch. Wie das Geheimnis dem Erscheinenden paradox gegenüber ist. Wir möchten gern sehen, riechen, tasten; du kannst es aber nicht sehen, tasten, riechen, wird gesagt. Dennoch sind dir Augen, Hände und Nase gegeben, damit du sehen, tasten und riechen kannst. Und es heißt, indem du tastest, fühle, daß gleichzeitig ein Unbetastbares ist. Vergißt du das über dem Betasten, beleidigst du den Menschen und die Welt. Auch die Erde. Mit Mikroskop, Teleskop oder chemischen Verfahrensweisen etwa kannst du sie vergewaltigen, wenn du nicht das Wunder der anderen Seite achtest, das mit ihr da ist.

Viele Traditionen sprechen von der Mutter, die das Kind von der anderen Dimension empfängt. Die Frucht wird dabei eben nicht als biologisches Ereignis gesehen. Es heißt: Einen Kampf gibt es, eine Konfrontation des Männlichen mit dem Weiblichen — Gott aber gibt das Kind. Die Konfrontation aber, das Aufeinanderprallende muß sein. Es ist jenes Aufeinanderprallen, wodurch dem Menschen auch das Licht wiedergeschenkt wird. Man erzählt doch, daß das Urlicht des Anfangs am Himmel bleibt bis zur Nacht des 7-ten Tages; am Ende des 7-ten Tages schwindet es, und der Mensch glaubt, die Welt gehe nun unter. Da zeigt ihm Gott die Steine. Beim Aufeinanderschlagen kommt der Funke, das Licht. Wenn Mann und Frau zusammen sind, entsteht dieser Funke, heißt es, und das neue Licht kommt. Bis heute gibt es daher im Judentum den Brauch, daß am Ende des 7-ten Tages eine aus drei Teilen geflochtene Kerze entzündet wird.

Das Kind kommt, weil im Zusammensein von Mann und Frau noch die andere Dimension mit hineinspricht. So kommt überhaupt in der Welt eigentlich nichts durch *dein Tun* zustande; du glaubst zwar immer, die Frucht sei die Folge deines Wirkens, sie ist aber in Wirklichkeit der anderen Dimension zu verdanken. Das ist es auch, was dir jeder Traum von der Mutter mitteilt. Alles, was dir hier kommt, hat mit dieser Mutter zu tun. Es ist nicht das Ergebnis einer Berechnung, einer Planung oder wissenschaftlichen Forschung, sondern ein Wunder, das dir die andere Seite schenkt. Alles neue Leben oder Entdecken und Erfinden ist dieses Geschenk; die Erde hier trägt nur Frucht, weil vom Anderen etwas kommt.

Man wendet sich an den Himmel und bittet um Regen. Nur wenn der Himmel spricht, der Regen kommt, kann hier etwas hervorkommen. Wenn der Himmel trocken, »kupfern« ist, kann keine Frucht kommen. — Wir möchten gerade heute gern alles von hier aus erklären. Nehmen Sie als einfaches Beispiel nur die abendliche Wetterprognose im Fernsehen. Da werden sehr eindrucksvoll meteorologische Berechnungen von Hoch- und Tiefdruck, Temperaturen und Windströmungen präsentiert, und im allgemeinen trifft auch ein, was vorhergesagt wird. Woher aber kommt z. B. das Hoch? Warum gibt es überhaupt Hochdruck? Weil vorher ein Tief dort war. Aber warum gibt es Tiefs? So könnte man ins Endlose weiterfragen, bis man zu Eis und Feuer und Wüste kommt. Im Unendlichen der 400 ist der Ursprung nicht zu finden.

Entsprechend geht es mit dem Wasser, der Zeit. In Ägypten, heißt es, benutzt man den Fluß und glaubt, die Frucht kommt, weil man bewässert.

Aber woher der Fluß? Aus der Erde. Woher die Erde? — Alle Fragen führen ins Geheimnis der Befruchtung, die von der anderen Welt her geschieht.

Was bedeutet das Erscheinen der Mutter im Traum? Es kann bedeuten, du achtest das Geheimnis, dein Leben vertraut der Befruchtung aus der Welt der 500. Es kann aber auch sein, daß dir die Mutter sagt: ›Du kennst mich nicht, du hast mich verstoßen. Wie lebst du? Glaubst du, auch ich bin nur ein Gegenstand rationalen Erklärens?‹ Das Wesen der Frau, das Wesen alles Erscheinenden ist das Jenseitige. Daher, heißt es, soll die Frau das Geheimnis hüten; es ist das einzige, das ihr Wert gibt.

Heute ist unter anderem auch die Partnersuche per Horoskop und Computer in Mode gekommen. Betrachtet man die Frau als eine Funktion innerhalb der 400, dann ist das konsequent und »vernünftig«. Man erwartet von ihr, daß sie bestimmte Pflichten in einer Interessengemeinschaft zu Zweit erfüllt. Wenn sie das nicht kann oder will, wird die Scheidung eingereicht. Die Frau hat kein Geheimnis mehr, sie wird der Berechnung unterworfen und teilt das Schicksal alles Berechenbaren.

Geheimnis meint: Das, was du sehen und wahrnehmen kannst, enthält gleichzeitig etwas, das du weder sehen noch erschließen kannst. Und gerade die Mutter, könnte man sagen, offenbart dieses

Geheimnis. Im Bild erscheint sie immer mit einem Kind — sei es auf dem Schoß, im Arm, an der Brust oder im Leib. Mit der Mutter ist das Doppelte da. Sie hat das andere in sich, sie trägt das Versprechen der Frucht und bringt damit die Erlösung.

Wir haben schon davon gesprochen, daß beim Nahen jeder Erlösung der »Kindermörder« da ist, der die Befreiung verhindern, die Frucht nicht zulassen will. Das gilt auf jeder Ebene. Nicht nur tötet man das Kind in sich — man hat überhaupt das Bedürfnis, Kinder zu verhindern. Heute wird das Empfängnisverhütung oder Schwangerschaftsunterbrechung genannt und mit gewohnter wissenschaftlicher Akribie ausführlich begründet, welche Befreiung der Frau, der Lust, des Mannes die Entwicklung jener berühmten Pille der Menschheit beschert habe. Ein Beispiel dafür, wie ein massenhaftes Verhindern des Lebens — also auch ein massenhaftes Töten — zum fast selbstverständlichen Bestandteil der Lebensweise wird. Kann man sich für das Bedürfnis, das Kind endgültig loswerden zu wollen, eine radikalere Lösung überhaupt noch vorstellen? Im Nicht-ertragen-können des Kindes scheint eine Art Höhepunkt erreicht. Entsprechend angeschwollen sind die Motivationen. Von der Überlegung in der Familie, daß ein drittes Kind etwa schon das Recht auf die sogenannte Chancengleichheit beeinträchtige bis zu großen bevölkerungspolitischen Strategien wird zwingend im Kreis herum argumentiert. — Auch hier, im Äußersten, zeigt sich, man will, man muß es loswerden — so oder so —, das Kind, man kann es einfach nicht tragen, nicht ertragen.

Hier mußt du sein und tun, heißt es im alten Wissen, die beiden Steine aufeinanderschlagen, daß die Funken sprühen — das Licht, die Frucht aber wird vom Jenseits geschenkt. Deshalb wird auch Maria, die das Kind bekommt, eine Jungfrau genannt. Die Erde, die Welt, ist Jungfrau, denn sie hat *nicht hier* ihren Mann; ihr Mann ist in einer anderen Dimension. Gott ist ihr Mann, der die Welt erschafft; damit ist die Welt dann seine weibliche Seite, die sich wieder nach dem Mann sehnt. Von diesem Geheimnis erzählt das Hohe Lied: Wie Mann und Frau sich nacheinander sehnen, so sehnt sich der Himmel nach der Erde und sehnt sich die Erde nach dem Himmel.

Die Mutter im Traum teilt dir mit: Das Kind, die Erlösung ist da. Der Mensch ist im Bilde Gottes, daher hat auch das, was er hervorbringt, seine Frucht, eine Verbindung zur Erlösung. Ob er nun ein Kaufmann oder ein Dichter, ein Arbeiter oder ein Künstler, ein Handwerker oder ein Wissenschaftler ist — in allem Tun ist jene Verbindung enthalten und möglich. In allem Tun aber gibt es auch das Harte, Trennende, den Verrat; dann spürt der Mensch das Falsche, den Judas. Woher kommt die starke Abneigung gegen den Verrat und den Verräter? Ein starker Widerstand ist *im* Menschen gegen das Sich-selbst-verraten; daher sucht der Mensch den Verräter gern außerhalb, macht den anderen zum Sündenbock. Die Aggression gegen den anderen wächst, je weniger man vor sich selbst bestehen kann, wenn man *seinen* Verrat sähe. Deshalb sucht man rasch einen Grund, den anderen einen Verräter nennen zu können.

Verrat bedeutet: *Hier* wollen wir den Erfolg sehen, hier soll das Reich sein, wir wollen, daß es *hier* stimmt. Entsprechend wollen wir die andere Dimension ins Kontinuierliche zwingen, ins Lineare. Wir dulden den Einfall der Vertikale nicht. Unter diesem Verrat leidet die Mutter.

Kam deshalb das Wunder der Frucht, daß du es durch rationales Erklären wieder zerstörst? Verstehe doch, daß jede Frucht hier ein Wunder ist, weil die andere Dimension mitspielt. Deine Herkunft, die Herkunft deiner Taten, die Herkunft deiner Gedanken ist nicht nur aus der Biologie, dem Milieu, deinem Studium zu erklären, sondern immer schwingt etwas anderes mit, das Andere läßt es dir zukommen.

Die Mutter trägt auch das Leid. Sie heißt dann mater dolorosa, Mutter der Schmerzen. Sie weiß, daß ihr die Frucht, das Kind, genommen wird, um es hier auf die Zeit auszubreiten. Indem man es dazu erzieht, alles erklären zu müssen, richtet man es zugrunde. Wie Mütter es oft empfinden, daß mit dem Eintritt in die Schule das Kinder-Leben eigentlich zuende ist. Das Kind ist von zu Hause fort, die Schularbeiten beginnen und der nicht mehr endende Mechanismus von Lernen und Leisten und Erfolg und Versagen setzt ein, der den Menschen weiterpreßt, stößt, drückt und schlägt. Er muß kämpfen und bekommt bittere Züge. Jede Mutter fühlt das, trägt das.

Auch die Welt als Erde trägt es. Das Geheimnis der Erde: Sie leidet, weil man sie verkennt. Indem man nur ihren Nutzen sieht, erkennt man nicht, was sie ist. Die Beziehung zur Erde als Mutter fehlt heute in besonders erschreckendem Maße. Man benutzt sie hemmungslos. Man bohrt nach Öl, um sich unabhängig zu machen. Man rodet Urwälder und bewässert Wüsten, um aus dem Land Nutzen zu ziehen. Niemand kennt mehr das Geheimnis der Wüsten, das Geheimnis der Urwälder, das große und gewaltige Geheimnis der »nutzlosen« Erde.

Die Erde — heißt es in der Überlieferung — weint und stöhnt unter dem Pflug, und sie klagt bei der Ernte, wenn man die Ähren abtrennt: ›Meine Kinder, wohin gehen sie?‹ Sie hat doch die Frucht hervorgebracht, die dann oft nicht mehr geachtet, sondern nur »zum Konsum« bestimmt ist. Und wie man der Frau — oft aus reinen Konsumüberlegungen — die Pille gibt, um eine Frucht zu verhindern, so überschwemmt man die Erde mit Chemie, damit sie mehr und schneller Frucht fürs Konsumkarussell abwirft.

Welche Einsamkeit des Menschen heute, der die Mutter verloren hat! Wie Ödipus nimmt er sie dem Vater, vergewaltigt und »tötet« sie. Er greift die Mutter an, weil er nicht versteht, wer sie ist und wer sein Vater ist.

Ich komme jetzt zur Figur des Vaters im Traum. Der Vater zeigt dem Menschen klar seine akausale Herkunft und damit seine Zugehörigkeit zu einer anderen Welt. Im allgemeinen steht man dem Vater deshalb auch distanzierter gegenüber als der Mutter. Die Beziehung zum Vater ist eigentümlich: Man weiß wohl, daß er hier leiblicher Vater ist; gleichzeitig steht etwas hinter ihm, daß er sozusagen mit seiner Vater-Erscheinung verdeckt, nämlich die andere Herkunft. In seiner Erscheinung zeigt sich der Vater im Weiblichen und verbirgt dabei den anderen Vater.

Diese Ambivalenz kennzeichnet auch Joseph, die Vaterfigur des Neuen Testamentes. Ist er nun der Vater oder ist er es nicht? Er steht da als Mann Marias, weist aber auf den anderen Vater hin. Die Herkunft vom leiblichen Vater enthält in sich schon den Hinweis auf eine Herkunft von ganz anderer Seite.

Die Überlieferung erzählt, daß Abraham bei

der Geburt des Isaak — welcher doch im Alten Testament die Position des lang erhofften Sohnes einnimmt, von dem man eigentlich nicht mehr glaubte, daß er noch kommen könnte —, daß Abraham durch die Ähnlichkeit erst beweisen konnte, daß es *sein* Sohn sei; man sagte nämlich, Isaak käme vielleicht von Abimelech. Im 20. Kapitel der Genesis wird erzählt, daß Abimelech die Sara zu sich nahm. Daher hieß es, Isaak müsse aus dieser Verbindung stammen, denn von Abraham und Sara könne er — aus biologischen Gründen gleichsam — doch wohl nicht sein.

Merkwürdigerweise lautet die Übersetzung des Namens Abimelech: »Mein Vater ist König«, als wollte er selbst sagen: ›Ich bin es eigentlich nicht, ich stehe hier nur für den Vater, den ihr nicht sehen könnt, um den es sich aber eigentlich handelt.‹

Im Menschen gibt es ein Sich-klar-darüber-sein, daß der Vater auch eine männliche — verborgene — Seite hat; darauf weist der Vater, wie er hier erscheint, hin: auf die Herkunft vom Vater im Himmel. Insofern fungiert der Vater wie ein Stellvertreter eines verborgenen Vaters. Deshalb war — und ist es noch — in der jüdischen Tradition oft Brauch, nicht den leiblichen Vater als Lehrer zu haben; man geht zu einem anderen, vor allem dann, wenn der eigene Vater ein großer Gelehrter ist. Der Lehrer nämlich vermittelt das Göttliche; Lehrer ist er nur, weil er die Verbindung zur anderen Welt hat. Ein Lehrer schöpft aus der anderen, der »väterlichen« Dimension und gibt von dorther weiter. Deshalb schickt der Vater seinen Sohn zu einem Lehrer weg, damit er selbst nicht zu mächtig werde und etwa eine Vermischung einträte. Beim anderen wird er die Erscheinung nicht so leicht mit dem Wesen verwechseln können und daher Gott näher sein.

So wird auch oft der Lehrer an wichtigerer Stelle genannt als der Vater; man sieht ihn als den wirklichen Vater. Er sei es auch, mit dem man im Garten Eden zusammensitze, wenn man dort weiter Thora lernt. Die Freude der Erkenntnis setzt sich mit dem Lehrer immer weiter fort. Der Lehrer ist es, der sie weitergibt.

Vater und Mutter gehören zusammen. Eine Trennung der beiden im Menschen bedeutet Gefahr. »Ab«, Vater, schreibt sich 1-2, zusammen also der Wert 3; »äm«, Mutter, 1-40, zusammen 41. Die Summe der beiden Werte ist 44. In dieser Zahl drückt sich das Nur-Zeitliche aus*; das aber ist eigentlich der Tod, denn was hier *nur* Zeit zeigt,

* Die Zahl 44 entspricht der diesseitigen Seite des Menschen; mit der 1 hinzugefügt ist es dann 1-40-4: »Adam«, der *ganze* Mensch. »Dam« allein, 4-40, heißt »Blut«; es wird von der Erde bedeckt, soll im Geheimnis aufgenommen werden. Deshalb äußert sich in der 44 das noch Unvollendete. — Von der 50 spricht man als von der *neuen* 1, die nach der 7 mal 7 (= 49) kommt. Es ist die neue Welt, der 8-te Tag, der Durchbruch des Neuen als Verbindung von »Vater« »und« »Mutter«.

bringt Untergang. Werden nun »ab« und »äm« durch das Zeichen für »und« — Waw — miteinander verbunden, dann ergibt sich einschließlich des Zahlenwertes der Waw, 6, als Summe die Zahl 50; sie steht — ebenso wie die 500 — für das Jenseitige. In der Gemeinschaft von Vater und Mutter ist das Jenseitige anwesend.

Die Trennung bringt Gefahr. Wenn Vater und Mutter im Konflikt sind, verlieren die Kinder den Halt, kennen ihr Fundament nicht mehr, wissen nicht, woher sie kommen. Es gibt im Menschen Zeiten der Verbundenheit und Zeiten der Trennung des Elternpaares; ein Maß aber für die Zeitspanne, in der sie verbunden oder getrennt sind, gibt es nicht. Es kann sein, daß eine Stunde der Verbundenheit mehr wiegt als Jahre der Trennung; es kann aber auch sein, daß ein Augenblick der Trennung eine lange Zeit der Verbundenheit zunichte macht.

Beides lebt im Menschen, der als Mensch eine Einheit bildet. Er hat das Männliche in seinem Verborgenen, in seiner Erinnerung, in seinem Akausalen, wo die Phantasie lebt und kreieren kann, und das Weibliche in seiner Erscheinung hier, die das Leben trägt, und wo er weiß, daß er Frucht empfangen kann, sie vom Himmel erwartet.

Die hebräische Sprache zeigt etwas Merkwürdiges: Das männliche Du, mit dem man sich an

Gott wendet, wird — eine Ausnahme — weiblich geschrieben: »ata«; während das weibliche Du, »at«, eher männlich klingt. Man sagt, daß dort, wo zu dir Du gesagt wird, eigentlich dein Weibliches angesprochen ist, die Seite deiner Erscheinung. Du erscheinst als Sulamith, nach der sich der König sehnt, wie es im Hohen Lied erzählt wird. Der König, der Himmel möchte sie haben, sie aber entzieht sich — will aber doch gefunden werden. Sie weiß nicht, daß sie zu ihm gehört, sucht und erlebt viele Abenteuer, bis sie endlich versteht, daß sie das Glück des Findens nur deshalb vollkommen erleben konnte, weil das Leid der Trennung war.

Wie kannst du zum Vater kommen? Auf dem Weg des bedingungslosen Glaubens, der Hingabe. Als Frau, passiv, erwartest du ihn, wünschst, daß er kommt. Lebst du so, daß du es ihm überlassen kannst? Was siehst du anderes hier in Zeit und Raum als kleine Bruchstücke — und daraus willst du für Ewigkeiten schlußfolgern? Es ist, wie wenn einer aus einer verstimmten Lage heraus urteilt. Wie soll die Sicht dieses winzigen Momentes das Ganze erfassen können?

Gelassenheit heißt: den Vater kennen. Und dazu kannst du nur kommen, indem du die Mutter erfährst, die Welt hier. Wenn du Beziehungen in der Welt und zur Welt hast und weißt, was Verbindung — Liebe — bedeutet. Und wenn du verstehst, daß die Frucht in der Welt von einer anderen Dimension her kommt als es uns die Vorstellung vom kausalen Erfolg einreden will.

Es gibt eine Reihe von Namen in der Bibel, die mit dem Wort »Vater« gebildet sind. Der Name Abraham z. B. wird als »Vater der Menge (der Vielheit, des ›Getöses‹) der Völker« übersetzt. Ein »Sohn Abrahams« ist also nicht nur — wie meist verstanden — ein Jude; Abraham ist der Vater *aller* Menschen. Der Begriff »hamon« bedeutet »ohne Ende«, »unzählbar«. Abraham ist der Vater all dessen, was hier sich im Zusammenhang darstellt. Ein Volk sind nicht nur Menschen, die durch Sprache, Sitten und Landschaft zusammenhängen; ein Baum z. B. mit Blättern, Tieren und Parasiten ist auch ein »Volk«, wie jedes Gebilde, das in einem Miteinander lebt und daher ein Ganzes bildet. Im Hebräischen steht dafür »goj«; dieses Wort für Volk wird genau gleich geschrieben — nämlich Gimmel-Waw-Jod — wie »gwi«, das »Körper« im Sinne eines zusammenhängenden Organismus bedeutet.

Ein anderes Wort für Volk im Hebräischen, »am«, 70-40, wird genauso geschrieben wie das Wörtchen »mit«, welches alles zusammenbringt. Von diesem Zusammenhängenden ist Abraham der Vater. Eine Vaterschaft, die immer währt, und nicht so ist, daß man sie etwa historisch beweisen müßte. Abraham ist der Urvater, mit ihm ist Anfang. Anfang: Hier entdeckst du, daß es ein »mit«, eine Verbindung in dir gibt; und indem du sie entdeckst, wirst du erst zum Menschen. Ein solcher Anfang kommt mit Abraham, dem Vater.

Dessen Vater, Terach, war — wie es heißt — ein Götzendiener, der von dieser Verbindung gar nichts wußte. Durch die Linie des Kausalen, des Biologischen also ist dieser Anfang nicht zu verfolgen. Eine *andere* Befruchtung kam: die Gnade. Was bedeutet Gnade? Eine große Überraschung. Sie wird nicht um Verdienste willen gegeben, sondern bricht unvermittelt ein. »Himmel« bedeutet die Freude, fortwährend Überraschungen zu bereiten. Und die größte aller Überraschungen ist die Erlösung, von der du nicht glaubst, daß sie überhaupt möglich sein könnte. Sie kommt gegen alle Berechnungen, sie kommt — das ist gewiß — ganz anders, als du sie dir vorstellst. Es ist aber gut, wird gesagt, daß du Vorstellungen hast, sie halten dich wach; aber alle Vorstellungen — wie lächerlich und spielzeughaft klein werden sie, wenn der Durchbruch geschieht!

Dieser Durchbruch ist Abraham, der Anfang, der Vater. Ihm widerfährt es. Kein Wort davon, daß er irgendwelche Verdienste gehabt hätte, die begründeten, daß gerade er gewählt wurde. Oder Jephta zum Beispiel, von dem im Buch Richter erzählt wird. Er ist — wie Sie im 11. Kapitel lesen können — der Sohn einer Dirne, ein grober Kerl, würden wir sagen, ein Schläger und Draufgänger. Sie schicken ihn weg, wollen so einen nicht bei sich dulden. Gerade der aber wird der Retter Israels. Man stellt sich einen »Retter« eben immer ganz anders vor.

Oder denken Sie nur an die erste Königswahl in Israel: Saul, der Erwählte, versteckt sich, hält es für unmöglich, daß er es sein kann. Und muß nicht Jischai (Jesse), als Samuel kommt, um einen seiner Söhne zum König zu salben, den David von der Schafweide holen lassen, weil er mit jedem anderen Sohn, nicht aber mit dem jüngsten gerechnet hatte? — Merkwürdig: Immer wird es der, den man nicht will oder mit dem man nie gerechnet hätte.

Ein weiterer Name, der mit dem Wort Vater zusammenhängt und den ich schon genannt habe, ist Abimelech, »mein Vater ist König«. Er ist der König der Philister, eines nicht gerade sympathischen Volkes. Die Philister treten in der Bibel meist als Störenfriede auf. Nach biblischer Geographie wohnen sie im Westen des Landes, am Ende des Weges. Die Kriege mit den Philistern werden die Kriege des Endes genannt, der Endzeit. In diesen Kriegen geht Saul, der König von der Josephsseite, unter, und David von der Judaseite siegt über die Philister und wird König des ganzen Reichs. Endzeit meint nicht irgendeine ferne Zukunft, sondern das Ende *jeder* Gegenwart, jedes Momentes. Da geschieht es, daß der eine König leidet und untergeht — man versteht nicht warum — und der andere König siegt. Bescheidenheit wird beiden Königen nachgesagt, David aber hatte eine ganz andere Art der Bescheidenheit als Saul. Bei der Herausforderung Goliaths, des Riesen der Philister, vertraut er auf seine 5 Steine, vertraut auf die 1 und die 4. Darauf vertraut er und eben nicht auf die Waffen, die man angeblich haben muß, um dieser riesenhaften Macht des Materiellen entgegentreten zu können.

Abimelech weiß, wie sein Name es zeigt, eigentlich immer, daß er im Geschehen der Zeit »nichts dafür kann«. Er ist da und tut — auch wenn er das Falsche tut — ohne Wissen. Er nimmt z. B. Sara zu sich, weil er vollkommen unwissend ist. ›Was habe ich denn nur Böses getan?‹ sagt er später zu Abraham, ›du selbst hast gesagt, sie sei deine Schwester, wie soll ich wissen, daß sie deine Frau ist?‹ Frau aber bedeutet: Einheit mit dem Mann. Und der Philister ist das, was am Ende der Zeit die Erscheinung, das Weibliche, angreift. Er will sie vergewaltigen und glaubt, er kann es tun, weil er nicht einsieht, daß sie gebunden ist. Er weiß nicht, daß die Welt eigentlich Gott gehört, er glaubt, er kann sie nehmen, experimentell untersuchen, Reaktionen von Tieren z. B. erst hervorrufen und dann beobachten, oder messen, wie sich die Erde bei diesem oder jenem Dünger verhält.

Unwissend wie er ist, glaubt er mit der Frau tun zu können, was ihm gerade einfällt.

Wenn du das tust, erlebst du — wird gesagt — eine merkwürdige Reaktion der Welt. Abimelech, heißt es, wird unfruchtbar, er und sein ganzes Haus und seine ganze Welt. Es gibt überhaupt keine Frucht mehr, alles verharrt in Langeweile. Nichts Neues bricht mehr durch, alles erschöpft sich in Wiederholung. Man könnte sagen, aus lauter Fleiß und Leistungsbedürfnis kommt die Langeweile, und daran geht die Welt zugrunde.

Abimelech sieht, daß nichts mehr passiert. Alle Röhren des Körpers, heißt es, sind verstopft; keine Verdauung, kein Blutkreislauf, schlimme Atemnot. Der Weg stockt, es »passiert« nichts, d. h., es geht nichts weiter und vorüber. Abimelech erschrickt und fragt sich, was das bedeutet. Da kommt Gott um Mitternacht, wird gesagt, gerade mit der Wende im Menschen, und sagt: ›Du hast geglaubt, du kannst die Frau, die Welt, einfach nehmen, die doch mir gehört.‹ Da, am Ende der Zeit, sieht der Mensch ein, daß er die Welt, indem er sie gebrauchte und benutzte, nicht verstanden hat.

Er hat sogar geglaubt, Isaak, die Frucht also, käme von ihm, und auch alle Welt hat es geglaubt, wie die Überlieferung berichtet. Nur von Abimelech könne es kommen, der ist es doch, der die Welt benutzt, der sie kennt, der gescheit und gewaltig ist in den Augen der Welt! Und Abimelech muß sogar bezahlen vor aller Augen zum Zeichen dafür, daß er die Frau nicht besessen hat.

»Nicht ich«, sagt sein Name, »mein Vater ist König.« Wer ist sein Vater? Vielleicht sogar Abraham, sagt ein Weiser; vielleicht der Vater im Himmel, sagt ein anderer. Immerwährend besteht der Name, bis zum Ende. Und am Ende wird die Welt selbst sagen: »Nicht ich, sondern mein Vater.«

Als der Vorgang sich bei Isaak wiederholt — auch Isaak gibt seine Frau im Land der Philister als seine Schwester aus —, ereignet es sich, daß Abimelech, der wieder glaubt, er könne sie haben, aus dem Fenster schaut.* Da sieht er, daß Jizchak, wie Isaak eigentlich heißt, mit seiner Frau »zachek« — so der Urtext. Gewöhnlich wird dieses Wort mit »spielen« oder »kosen« übersetzt; eigentlich aber kommt es von »lachen«, welches ja auch Hauptbestandteil des Namens Jizchak ist. Er »lacht« also mit ihr, und man sagt, es sei jenes Lachen, worin sich zeige, daß Mann und Frau sich erkennen.

Das ist auch das Lächeln, das sich zeigt, wenn dein Gesicht ganz gelassen, ganz selbstverständlich ist. So wurdest du geschaffen, das ist dein wahrer

* Fenster bedeutet: Eine andere Welt kann hineinblicken. ›Ich schaue aus dem Fenster‹, meint auch, ›ich lasse das Draußen herein.‹ Die Beziehung zum Fenster entspricht der Beziehung zur anderen Welt; daher besteht in der hebräischen Sprache eine enge Verwandtschaft zwischen den Begriffen Fenster, »chalon«, und Traum, »chalom«.

Zustand. Meist aber sind es Grimassen, die dein Gesicht überziehen. Denken Sie nur an das unerträgliche Keep smiling, das Entspannung suggerieren soll.

Abimelech also sieht, daß Jizchak seinen Namen mit seiner Frau verwirklicht. Da versteht er, daß die Welt, die er nehmen wollte, eine Welt ist, die einem anderen gehört und daß er Teil des Anderen ist. Jetzt erkennt er seinen Vater, jetzt sagt er: mein Vater ist König.

Die Philister werden, wie wir wissen, erst von der anderen Dimension besiegt; die Joseph-Seite ist dazu nicht imstande, Saul, könnte man sagen, ist sowohl zu bescheiden als auch zu groß. Erst David von der Juda-Seite, vom Jenseitigen her, siegt. Sauls Sohn Jonathan aber, dessen Name »der Herr schenkt« bedeutet, verbindet sich mit David: Joseph/Benjamin und Juda werden wieder eins, die neue Welt kommt, wenn der neue Mond da ist. — Der Name Abimelech will uns sagen: Am Ende siegt er, die Welt erkennt am Ende den König.

Einen dritten Namen will ich noch nennen, der mit »Vater« zusammenhängt: Absalom. Das hebräische »Schalom« heißt »Friede«, »das Ganze«. Absalom ist also dem Namen nach »Vater des Friedens«. Merkwürdig, was hat ausgerechnet er mit dem Frieden zu tun? Bleibt er nicht am Ende mit seinem Haar am Baumast hängen und stirbt?

Will er nicht König werden an seines Vaters Statt und zettelt daher eine Revolution an? Er erträgt seinen Vater doch gar nicht, sein Name aber verkündet Friede beim Vater. Und die Bibel berichtet in 2. Samuel 19, daß David untröstlich ist über den Tod seines Sohnes Absalom; er trauert um ihn in einer Weise, die für seine Umgebung fast zu einer Herausforderung wird.

Wer ist Absalom? Wo ist sein Ort im Menschen? Dort lebt er, wo im Menschen Ungeduld aufkommt, wo der Mensch die Zeit beschleunigen will. Es dauert ihm zu lange: ›Jetzt muß es sein, mein Vater wartet zu lange, der spürt es nicht, der hat Geduld, der hat eine andere Zeitrechnung.‹ Deshalb hängt Absalom dann auch am Haar. Das Haar, hebräisch »saar«, erscheint beim Menschen, wie im alten Wissen erzählt wird, weil das Tor, die Pforte zum Anderen, hebräisch »schaar«, geschlossen wird; die beiden Worte werden mit dem gleichen Zeichen Schin geschrieben, welches aber unterschiedlich ausgesprochen wird.

Das Haar erscheint, wenn das Tor geschlossen wird. Man soll, heißt es, sehr vorsichtig mit dem Haar umgehen. Wenn du mit ihm stolzierst, bedeutet es, du bist auch noch stolz darauf, daß das Tor geschlossen ist; du bist stolz auf deine Selbständigkeit im Bestimmen und Berechnen. Das aber, diese Ungeduld, wird dir, wie die Absalom-Geschichte zeigt, den Tod bringen. Du wirst am

Ast jenes Baumes, der dir doch Leben bringen könnte, hängenbleiben und sterben.

Seinen »geliebten Sohn« nennt ihn David und weint. Es ist eigentlich das einzige Mal, wo David wirklich trauert, denn beim Tod seines anderen Sohnes trauert er eigentlich nicht. Bei Absalom aber klagt er, weil er — wie gesagt wird — weiß, daß es die Ungeduld im Menschen ist, die ihn an seiner Zeitrechnung haftenbleiben und damit als Mensch sterben läßt. Die Zeit tötet ihn; es richtet ihn zugrunde, womit er stolziert.

David trauert, weil er weiß, daß die Ungeduld gut war, heilig war. Absaloms Grab wird nicht als das eines abtrünnigen, revoltierenden Sohnes gesehen, sondern als das Grab »des Sohnes Davids in seiner Ungeduld«. Diese Seite, bedeutet es, gehört auch zum Sohn Davids.

Ich hoffe, Sie haben an diesen Beispielen gesehen, daß sich der Vater im Menschen in vielen Arten zeigen kann, also auch in Ungeduld oder Strenge. Als Abimelech kannst du ihn erkennen, der auf den anderen, königlichen Vater hinweist, oder als Abraham, als Anfang allen Zusammenhangs, oder als Absalom. Die Figur des Vaters enthält sehr vieles, dem wir auch von anderen Zusammenhängen her ständig begegnen. Ich hoffe, daß Sie das nun auch ohne besondere Hinweise mitzuerleben imstande sind.

Fünfundzwanzigstes Kapitel

Frau und Mann · Ada und Zilla · Die Spaltung des Weiblichen · Tubal Kains Ende · Die Hörner im Gestrüpp · Die Verzweiflung · Naama und die Besessenheit · Die heilsame Unruhe · Spezialistentum

Nachdem wir im letzten Kapitel von der Mutter und vom Vater im Traum gesprochen haben, möchte ich nun ganz allgemein von der Frau und vom Mann erzählen, die in vielen Situationen im Traum erscheinen können. Was ist die Frau im Leben des Menschen und in der Welt? Wir haben schon gesehen: Die Frau ist im Menschen das, was *erscheint*. Gerade das Sich-zeigende aber trägt eine andere Seite, ein Geheimnis; und das eben zieht den Menschen an allen Erscheinungen sehr stark an. In jedem Ding, das erscheint, spürt er nicht nur die Sache selbst, sondern mehr, darüber Hinausgehendes. In der Philosophie könnte man es das Metaphysische, in der Religion vielleicht das Mysterium nennen. Entscheidend ist, daß den Menschen in allem Erscheinenden etwas berührt, das über Maß, Proportion, Gewicht und Zahl hinausgeht.

In der Überlieferung finden wir das Bild der Frau reich ausgearbeitet. Ausgangspunkte sind die

Geschichten der Bibel. Mit Überlieferung meine ich, daß etwas *im* Menschen da ist, das erzählt. Das Erzählen der Überlieferung fließt aus jener Wirklichkeit des Menschen, welche hier nicht erscheinen kann; diese nun erzählt es dem Menschen, der dadurch weiß, daß es ihm so ist. Von der Welt aber — das spürt er — bekommt er keine Antwort; die Welt schätzt ihn nicht nach dem, was eigentlich in ihm lebt, und das stört ihn.

Was den Menschen immer im Grunde stört, ist, daß er nicht erkannt wird; daß man sich nicht mit ihm auseinandersetzt, daß mit ihm nicht gekämpft wird. Seinen Nächsten lieben bedeutet auch: ihm im Kampf gegenüberstehen; nicht voll Haß — das würde ja ein Ausschließen bedeuten —, sondern in einer Aussprache, in einer Auseinandersetzung. Jede Begegnung fordert dich dazu heraus, daß du dich mit dem Begegnenden auseinandersetzt, ihn eben nicht so hinnimmst, wie er erscheint; darin erschöpft er sich gerade nicht, er ist viel mehr.

Das Weibliche — so teilt uns das alte Wissen mit — kann hier in drei Möglichkeiten erscheinen. Von der ersten, die wir unter dem Bild der Mutter kennen, haben wir schon gesprochen. Die beiden anderen werden im biblischen Bild der zwei Frauen des Lamech gegeben. Lamech ist der 7-te im Geschlechte Kains, von ihm und seinen Frauen und Kindern wird in Genesis 4, 18-24, berichtet. Es gibt noch einen zweiten Lamech sozusagen, der merkwürdigerweise auch als 7-tes Geschlecht, dann aber in der Reihe von Seth an gezählt wird; Seth ist doch ein weiterer Sohn Adams, der für den erschlagenen Abel kommt.

Wenden wir uns nun dem Lamech aus dem Geschlecht Kains zu. Die Bibel erzählt, daß er zwei Frauen hat: Ada und Zilla. Von Ada bekommt Lamech zwei Söhne: den Jabal, der Vater wird von allen, die in Zelten wohnen und Herden haben, und den Jubal, den Vater derer, die Musik machen. Auch Zilla hat zwei Kinder: den Tubal Kain, der Metall bearbeitet, Pflug und Waffe herstellt — alles also, was hart eingreift in die Erde oder in den Menschen —, und Naama, die einzige Frau in der biblischen Erzählung bis zur Sintflut, die mit ihrem Geschlechtsnachweis genannt wird.

Ada und Zilla werden zwar auch mit Namen genannt, aber es wird nicht gesagt, wo sie herkommen. Die Überlieferung teilt dazu mit: Die Frau im Menschen erscheint von Anfang an zweiseitig; eigentlich ist das Weibliche ein Ganzes, es *erscheint* aber geteilt. Ada verkörpert jene Sicht der Frau, die nur das Kinderkriegen und den Haushalt betont. Lamech, heißt es, kümmert sich nicht um ihr Aussehen. Zilla dagegen muß schön aussehen und soll keine Kinder bekommen, damit ihre Schönheit nicht beeinträchtigt wird; sie ist die Verkörperung des Weiblichen, das Anziehungskraft auf den Mann ausübt und seiner Lust dient.

Das Weibliche also, wird mitgeteilt, kann man spalten. Es erscheint als Paradox und man kann es — fast möchte man sagen: nach seiner Spezialisierung beurteilen. Die eine Seite spezialisiert sich auf Kinder, Küche und Haushalt, die andere auf Schönheitspflege und die Förderung und Erhaltung aller Reize, die die Frau für den Mann anziehend macht. Diese Teilung entspricht dem Willen des Mannes, so möchte es der Mann haben.

Nun kommt aus der so geteilten Frau — darauf wird im alten Wissen hingewiesen — etwas hervor, das ebenfalls im Widerspruch steht. Die Kinder von Ada, Jabal und Jubal, sind, um es vereinfacht auszudrücken, auf Friedliches spezialisiert: der eine mit Zelten und Vieh, der andere als Musiker, der das Melodische pflegt. Beide also zeigen etwas Positives. — Zilla bekommt auch Kinder, aber — wird gesagt — es sind eigentlich nicht Kinder im Sinne unserer Vorstellung; er *wollte* ja auch gar keine Kinder mit ihr haben. So kam, wie die Kommentare erklären, eine Frucht, die im Menschen selbst als Trieb wirkt, sich Geräte und Instrumente zu machen; heute würden wir sagen: Technik zu erzeugen; Metallgeräte, zu deren Herstellung man große Hitze oder besondere Kraft braucht, Geräte, mit denen man töten, schlagen, schießen kann. Aber auch Geräte, die einen reicher machen in materieller Hinsicht. Macht, Gewalt und Kraft — das ist Tubal Kain.

Naama ist keine Tochter menschlicher Art und wird die Mutter aller weiblichen Dämonen genannt. Der Dämon ist eine Besessenheit im Menschen; dadurch wird der Mensch von *anderen* Kräften besetzt und zu Zwecken benutzt, die diese Besetzer nur durch den Menschen erleben können. Naama sieht man als identisch mit Lilith, der großen Dämonin, die schon am Ursprung steht.

Wir sehen: Wenn die Frau, das Weibliche, getrennt wird, dann kommt auch eine Trennung in der Frucht. Schon in dem, was uns als Weibliches gegenübersteht, steht uns dieser Widerspruch, die Trennung, mit gegenüber.

Die Überlieferung erzählt, daß Tubal Kain auf schreckliche Weise endet. In der Bibel ist es nur dunkel angedeutet: Kain habe Schlimmes getan und sei siebenmal gestraft, aber er, Lamech, habe etwas getan, wofür er siebenundsiebzigmal gestraft werde (Genesis 4, 23 u. 24). Was ist Lamechs Verbrechen? Das alte Wissen erzählt davon ausführlich. Kain hatte doch Abel aus Eifersucht erschlagen. In uns selbst besteht diese Eifersucht des Erscheinenden (Kain) auf das Verborgene (Abel); immer hassen wir das Verborgene, weil wir es nicht berechnen, nicht beherrschen können.

Das Verborgene lenkt uns. Wir spüren, daß es Kräfte des Anderen hat und dennoch zu uns gehört, Teil von uns selbst ist. Aber dort, wo man es nicht erklären kann, mag man es nicht haben.

Von diesem Widerwillen her rührt die Sucht im Menschen, alles erklären zu wollen. Gerade auch das Zentrum, in dem der Mensch im Geheimnis lebt, möchte er offenlegen und sehen, *warum* er lebt und *warum* er haßt und *warum* er dies oder jenes tut. Das aber kann nicht erklärt werden, weil es lebt und nur zu erleben ist; nur durch das Leben kommt eine Antwort.

Beginnst du es zu beschreiben und in Schemata einzuteilen — soviel Emotion von da, eine Neurose von dort und dieser Komplex —, dann hast du es »erklärt«: Das Verborgene hast du dann getötet. Aus Haß auf das Verborgene hast du ans Licht bringen wollen, was im Dunkeln lebt. Klarheit und Licht sind dir aber nur auf dem Fundament der Finsternis geschenkt. Eine Erklärung ist sinnlos, wenn die Grundlage fehlt.

Der Mensch erträgt es nicht, daß etwas Verborgenes da ist, er tötet es. Das ist die Eifersucht seiner erscheinenden Seite, seiner Vernunft-Seite. Es ist das Töten Abels, das immerwährend geschieht. Hewel, wie der Name Abel im Hebräischen eigentlich lautet, bedeutet wörtlich »es wiegt nichts«, »es ist nichts«; *hier* erscheint es nicht, ist damit gemeint, hier zählt es nicht, man kann es nicht messen hier, es entzieht sich allen Verhältnissen hier. Sobald der Mensch das umbringt, kommt die gleiche Unruhe über ihn, die auch Kain nach dem Mord erfaßt. Er weiß, er hat eine Schuld, aber er weiß nicht, *wo* sie ist. Und wie immer, wenn der Mensch voller Schuld ist, sucht er nach einem Sündenbock außerhalb seiner. Wer hat Schuld, daß alles schiefgeht? — diese Frage versetzt ihn in Unruhe.

Nach dem Mord fragt ihn Gott: Wo ist deine verborgene Seite? Hast du kein Geheimnis mehr? Ist alles in der Retorte oder in der Statistik? Ist alles zu fassen? Wenn aber alles zu erklären ist, entsteht auch der Wahn, alles könne weggenommen werden. Am Ende des Erklärens erfolgt dann der Schrei: Gott ist tot! Jemand muß es doch schreien, um sagen zu können: »Ich habe sogar *erklärt*, daß er tot ist.«

Gottes Frage an Kain ist die Frage, die wir uns selbst stellen sollten: Was habe ich mit mir getan? Alles habe ich erklärt, und wo bin ich jetzt? Du gerätst in die Enge — im wahren Sinn des Wortes — und hast dann Angst. Kain hat schreckliche Angst; er sagt: »Ich habe Angst, ich werde sterben.« Er verbirgt sich aus Angst vor dem Tod. Heute würden wir sagen: Er verdrängt den Tod; wie es dann auch üblich geworden ist in einer Welt, die nur das Erklärbare anerkennt. Das Geheimnis des Todes wird verleugnet, man »erklärt« den Tod als Fortsein, Verschwundensein.

Der Tod ist ein Geheimnis wie der Krieg. Kriege kommen und gehen wie Krankheiten. Aber man möchte den Krieg gern erklären: Wer hat Schuld?

Es ist auch hier die Suche nach einem Sündenbock. Vielleicht hat gar der Himmel Schuld, er könnte in seiner Allmacht doch verhindern, daß Kriege entstehen. Nach dem Ersten Weltkrieg hat man damit begonnen, den Krieg vor Gericht zu bringen; ein Schuldiger wurde weltöffentlich gesucht. An so etwas hat man früher nicht gedacht. Nach Napoleon hieß es z. B. in Holland: Alles ist vergessen und verziehen, wir wollen jetzt gemeinsam den Frieden erleben. Ein großer holländischer Admiral etwa war Admiral unter Napoleon und diente dann wieder seinem Land als Admiral. Man war damals offenbar noch nicht so davon besessen, Sündenböcke zu suchen und öffentlich anzuprangern.

Heute ist man z. T. sogar überzeugt, man könnte den Krieg überhaupt ausrotten. Bekäme man nur das Völkerrecht gut genug politisch in den Griff! Man versammelt sich zu feierlichen Sitzungen und faßt Protokolle ab. Was aber geschieht? Irgendein Volk pfeift auf alle Protokolle und sagt: Wir müssen für unser Überleben kämpfen; ihre Gegner nehmen das gern zum Anlaß, die Protokolle auch nur für einen Fetzen Papier anzusehen. Mit Bomben, Granaten und Giftgasen setzt man sich dann auseinander, macht Krieg. Wir sehen, man kann sich ein Geheimnis — auf welche Art auch immer — nicht vom Halse schaffen.

Nachdem Kain das Geheimnis getötet hat, wird

er »unstet und flüchtig«, wie man das hebräische »na wenad« übersetzt. Er hat keine Ruhe mehr. Heute würde man sagen: Er gerät in einen Rausch; fährt mit dem Auto herum, kommt nach Hause, um Fernsehen zu schauen, geht wieder weg, um Bekannte zu treffen — nirgends hält er es eigentlich aus. Es treibt ihn. Er wird ein Getriebener. Sein Beruf macht ihm keinen Spaß, er ärgert sich über seine Nachbarn, es gefällt ihm nicht, wie die Jugend sich kleidet — kurz: Alles ärgert ihn, alles stimmt nicht, immer weiß er es besser, wie es eigentlich sein sollte.

Diese Unruhe befällt den Menschen, wenn er das Verborgene verdrängt, wenn das Geheimnis keine Chance im Menschen hat. Der herumirrende Kain lebt im Menschen und in der Welt. Kains letzter Enkel ist Tubal Kain, Lamechs Sohn von Zilla, die eigentlich gar keine Kinder bekommen sollte. Die Überlieferung erzählt, daß Lamech mit Tubal Kain auf die Jagd geht. Lamech selber sieht nur noch schwach und Tubal Kain soll für ihn das Wild finden. Wie alle aus Kains Geschlecht sind sie Jäger. Und Jäger sein bedeutet: dasjenige in der Erscheinung fangen wollen, das immer entflieht; das Tier endgültig erlegen zu wollen.

Nie ist der Jäger zufrieden, wenn er ein Tier erlegt hat, wenn er — wie wir sagen könnten — eine Wirkung erreicht hat. Er will das nächste Tier, neue Wirkung. Es treibt ihn weiter. Immer braucht er eine neue Zigarette, ein weiteres Glas. Er sagt: ›Ich schwöre dir, wenn ich *das* erreicht habe, dann ist es das letzte Mal, daß ich ...‹ Er kann aber nicht lassen, seine Unruhe sucht eine Lösung, und er glaubt, die Lösung zu finden, indem er es materiell hier fängt.

Das Materielle aber läuft immer wieder davon, auf vier oder tausend Füßen, es läßt sich nicht fangen. Nie ist man mit einer Befriedigung zufrieden, sie ruft nur die Sucht nach neuer Befriedigung hervor. Wenn du die Freude hast, verlangst du schon nach der nächsten. Alle Gegner des Verborgenen sind Jäger wie Nimrod, wie Esau.

Lamech nun, so erzählt eine Geschichte, ist auf dem Feld und sieht plötzlich aus dem Gestrüpp die Hörner eines Tieres auftauchen. ›Endlich, da, das Tier!‹ glaubt er, ›das Tier, das ich doch immer fangen möchte!‹ — Horn, hebräisch »keren«, 100-200-50, enthält in seinem Wert die schon mehrfach erwähnte Dreieinhalb. Gott, wird gesagt, bläst in das Horn hinein, und die Welt *ist;* er bläst gleichsam die Dreieinhalb. Der Name dieses Hornes ist »schofar«, 300-80-200, mit dem Wert 580. Diese Zahl kennzeichnet die vollkommene Zeit, die Erfüllung der Zeit (vgl. dazu F. Weinreb, »Der göttliche Bauplan der Welt«, Zürich 1965, S. 201 f).

Das Horn ist vom Widder, vom männlichen Lamm; es ist das Letzte, das Äußerste vom Lamm.

Wenn Gott hineinbläst, ist beim Blasen wiederum das Lamm am nächsten. Mit dem Lamm also entsteht die Welt. Daher heißt es: Das Lamm steht *vor* allen Zeichen. Das erste Zeichen, das erscheinen kann, Alef, »Haupt eines Stiers«, ist schon — könnte man sagen — eine Frucht, denn »phar«, »Stier«, ist vom gleichen Stamm wie »Frucht«. Und das Alef — ein Konsonant, der eigentlich kein Konsonant ist — hat keinen Laut. Das Lamm ist die Grundlage dieses ersten schweigenden Zeichens. Gott bringt das Lamm zustande, indem er ins »schofar« bläst, ins »keren«.

Bei den Propheten heißt es, daß Gott am Ende der Zeit ins große »schofar« bläst, am 8-ten Tag. Dann wird die Welt *ganz* sichtbar, *mit allem* erscheint sie dann, die Erlösung ist da. Dieses Horn, dieses »keren«, sucht der Jäger. Er glaubt, es *hier* erreichen zu können. Er weiß nicht, daß es vom Verborgenen her geschieht. ›Wer denn soll blasen‹, denkt er, ›wenn nicht ich? Ich muß es doch hier erreichen, das Tier fangen, um ins Horn blasen zu können!‹

Daher trägt er Waffen, setzt viel ein, das Tier zu fangen. Und plötzlich also sieht er das Horn im Gestrüpp. — Auch Abraham sieht, wie es heißt, den Widder, der sich mit seinen Hörnern im Gestrüpp verfangen hat, als er auf dem Berg Moria gerade im Begriff ist, seinen Sohn zu opfern. Das Gestrüpp — das also, was hier wächst und erscheint, — hält ihn fest. Dem Abraham aber kommt das Lamm überraschend zu, denn ihm ist es »korban«, ein Sich-Gott-nähern. Lamech ist dagegen nur aufs Fangen aus, gleich will er schießen.

Nun sind aber Lamechs Augen schon schwach, und er sagt zu seinem Sohn Tubal Kain, der ihn begleitet: »Siehst du dort das Horn? Darauf schieße!« Und Tubal Kain zielt genau und schießt. Sie eilen hin, um das Tier zu nehmen — und was sehen sie? Den toten Urvater Kain, ihn hat Tubal Kain erschossen!

Dem Kain nämlich wuchs dieses Horn*. Es wuchs ihm als Zeichen dafür, daß er es eigentlich *hier* erwartet, denn alles will er erklären und berechnen. Es ist das Mal, das Kainszeichen, wovon die Bibel erzählt. Kain trägt gleichsam die irdische

* Ein historisches Mißverständnis führte dazu, daß Michelangelo seiner berühmten Darstellung des Mose Hörner aufgesetzt hat. Man hat das hebräische »koran«, welches »Schein«, »Glanz«, »Strahlen« bedeutet, als »keren«, »Horn« gelesen. Vielleicht wollte man besonders gescheit übersetzen, und Michelangelo gab dem Mose deshalb in aller Unschuld Hörner, wo doch vom »Strahlen« des Angesichts die Rede ist. Es entbehrt nicht einer gewissen Pikanterie, daß ein christlicher Renaissancekünstler in Rom den Mose damit gewissermaßen zum Heiden machte.

Natürlich hat »koran« (scheinen, strahlen) mit »keren« zu tun. Was beim Menschen die unsichtbare Strahlung ist, die Aura, ist beim Tier »hartgeworden«, materiell sichtbar: das Horn. Auch durch das Strahlen geht ein Ton, aber anders als durchs sichtbare Horn.

Erlösung; er wird aber nicht erlöst, sondern geht daran zu Grunde. Als Lamech den getöteten Kain erblickt, klagt er — wie erzählt wird —: »Nun hat mein Sohn meinen irdischen Ursprung, mein Fundament, getötet, und ich habe ihn dazu aufgefordert!« In seiner Ratlosigkeit und Verzweiflung tötet Lamech den Tubal Kain. Nicht nur seinen Ursprung, sondern auch seine Zukunft, Anfang und Ende seines Lebens hat er selbst zugrundegerichtet.

Jedesmal ist das das Erlebnis des Menschen, wenn er das Geheimnis bei sich tötet, wenn er Berechnungen anstellt. Dann hat er das Gefühl, daß er siebenundsiebzigmal gestraft wird — also das Gefühl, für immer verloren zu sein. Aber er lebt weiter, braucht nicht zu verzweifeln, der neue Atemzug schenkt ihm einen neuen Anfang. Die Zeit ist dem Menschen gegeben, damit er sich »korrigieren« kann — nicht mit der Vernunft, sondern gefühlsmäßig, mit seiner ganzen Lebensweise.

Tubal Kain verursacht den Tod des Letzten und des Ersten, der Grundlage und der Frucht — beides wird dann genommen. Er kam von der Seite, wo die Materie nur im Sinne des Gebrauchs genossen wird; ihr Geheimnis wird nicht erkannt, und das bewirkt die Spaltung. Man glaubt, sie besitzen zu können, zum einen nach der Art des Genusses, zum anderen in der Weise des Nutzens. Die Erscheinung aber, die Welt, ist ein Ganzes.

Hat man also diese zwei Frauen, diese zwei Arten der Sicht auf die Welt, so bedeutet es Heuchelei nach der einen und Gemeinheit nach der anderen Seite.

Wie ist die Frau, wird gefragt, die dir im Traum erscheint, und in welchem Zusammenhang siehst du sie? Ist es eine Frau nach Art der Mütter? Die Mütter, wird gesagt, waren so schön und prachtvoll, daß man sie vor der Welt schützen mußte. Immer will sie die Welt gleich angreifen, weil sie so anziehend sind. Von Sara wird es erzählt, von Rebekka und auch von Rahel. Von ihnen aber kommt die Frucht; jene Frucht nämlich, die dir die Welt gibt, wenn sie schön ist als Ganzes. Dann bringt dein Leben in der Welt dir Freude. Sie geht aus deinem Zusammensein mit der Welt hervor; die Welt gefällt dir und du liebst sie, wie sie dich auch liebt.

Die Spaltung in der Beziehung zur Frau, zur Welt, bewirkt auch, daß nichts Bleibendes hervortritt. Das ganze Kaingeschlecht geht in der Sintflut unter. Sintflut bedeutet: Die Zeit überspült dich, du ertrinkst in der Zeit. Der Kain-Mensch hat keinen Bestand. Mit »Untergang« wird das Sinnloswerden des Lebens ausgedrückt.

Der Mensch verliert den Sinn seines Lebens; er ärgert sich mal hier, er freut sich mal dort, er langweilt sich, sucht das Extravagante oder verliert sich in Exzessen. Ihn verlangt es nach dem Besonderen, weil er hofft, daß nur noch das ihm etwas geben werde. Rekorde gewinnen dann magische Anziehungskraft. An die Stelle des Sinns tritt das »Mehr« und das »Weiter«. So treibt der Mensch in den Wahn-Sinn. Der Gelangweilte sieht in allem menschlichen Tun nur noch Theaterspiel; er kann es gar nicht glauben, daß andere glücklich sind, daß es anderen besser gehen könnte als ihm. Für ihn ist das unvorstellbar, da hat er keinen Zweifel.

Das aber ist die wahre Verzweiflung: nie einen Zweifel zu haben; wie andererseits die Verzweiflung auch eine Art äußerster Exzeß im Zweifeln ist. Der Mensch darf zweifeln; der Verzweifelte aber geht unter im Zweifel. Er »glaubt«, daß es auf seine zahllosen Fragen nicht eine einzige Antwort gibt. Er hält Antworten nur für ein Spiel. Er glaubt nicht mehr. — Einem Verzweifelten kann man nichts erklären, denn Erklären heißt, eine Vernunftantwort geben. Die aber ist ihrem Wesen nach immer unvollständig, einseitig und muß versagen.

›Lebe doch‹, könnte man einem Verzweifelten vielleicht mitteilen, ›wage zu leben, das Leben wird dir zeigen, was du suchst! Überlasse es, laß dein Leben frei! Dann entdeckst du, daß dein Leben das Geheimnis in sich trägt, und die Freude, die Ruhe kommen dann.‹ Das Nachdenken über alles und das Erklärenwollen verfehlen die Antwort. Antwort entspringt aus dem befreienden »Ich will jetzt leben«. Alles ist doch längst vorbereitet und nur deine Auseinandersetzung mit allem in der Welt ist imstande, dir auf deine Frage, was es ist, Antwort zu geben.

Wer nun ist Naama, Lamechs Tochter aus der Verbindung mit Zilla? Naama bedeutet »die Angenehme«. Aus dieser Seite kommend ist das Leben in der Erscheinung »angenehm«: Man fragt nicht, was es sonst noch bedeutet, sondern urteilt nur nach dem Äußeren und dem Moment. Wie ja auch Naamas Mutter nur danach beurteilt wird. Ich erwähnte schon, daß die Überlieferung sie als identisch mit Lilith, der Mutter der Dämonie, sieht. Naama hat wie Tubal Kain das Un-menschliche. In der Erscheinung des Menschen ist Naama die Tochter-Seite, während sich die Sohn-Seite in Tubal Kain darstellt. Naama bedeutet das Erscheinen in einer Besessenheit, du bist nicht mehr du selbst. Ein Zwang bestimmt dich, das oder jenes zu tun.

Ein solcher Zustand kann sich aber auch in jedem Augenblick wieder ändern. Es will sagen: Jedesmal, wenn deine Lebensweise so ist, daß du die Frau »spaltest«, kommt dir Besessenheit, befällt dich Zwang; aber jedesmal kannst du dich durch deine Lebensweise im nächsten Augenblick wieder davon lösen, wie es die Bilder vom Einatmen und Ausatmen, vom Öffnen und Schließen der Augen, vom Pulsieren des Herzens zeigen.

Denn die Welt existiert für dich nur, weil *zwei* Seiten wirken, eine verborgene und eine sichtbare. Das ist — könnte man sagen — die Konstitution deines Lebens und der Welt. Man nennt es auch das Geheimnis Gottes, der aus sich hervor die Welt weg gibt, um das Glück zu ermöglichen, daß die Welt sich sehnen kann, zu dir zu kommen, und du dich nach der Einswerdung mit der Welt sehnen kannst. Im Einswerden besteht das Glück; das Einssein hat nur Frieden. Die Erfahrung ist herrlich, daß aus dem Leersein Erfüllung kommt, daß du voller und voller wirst, bis du voll-kommen bist, bis das Kommen voll geworden ist.

Alles, was dir kommt, hat einen Sinn. Weil es damals so war, kann es jetzt neu werden; also hat das Damalige — wenn es auch Schlimmes war — guten Sinn gehabt. Käme dir etwas Sinnloses, würde es bedeuten, daß die Einheit nicht existiert. Einheit meint: Alles hat seinen Ort. Was an einem Ort ist, hat einen Sinn — dann ist in der Harmonie des Ganzen die Vollkommenheit da. Jedes also soll auch seinen Ort einnehmen: das Ohr den Ort des Ohrs, das Auge den Ort des Auges, usw., denn nur an seinem Ort ist es auch in Ordnung. Bringe, heißt es deshalb, alles an seinen Ort zurück; dort soll es sein.

Wenn von Naama die Rede ist, soll man nicht denken: ›Ach, die Armen, die besessen sind‹ und die Dämonie damit zu einem Spezialfall machen, um den sich die Psychiatrie zu kümmern habe. — Wir alle sehnen uns doch nach Erlösung, und was ist Erlösung anderes — im Neuen Testament wird es oft wiederholt — als Heilung von Besessenheit? Die »gute Nachricht« ist: Du kannst aus deinem Zwang erlöst werden, obwohl die Zwänge unendlich scheinen.

Das Schöne wie das Lästige gehört zum Leben. Es ist ein Auf und Ab. Es ist auch eine Besessenheit zu sagen: ›Ich bin nun einmal depressiv‹ — als ob das ein Schicksal wäre —, oder: ›Ich bin immer optimistisch‹. Im Auf und Ab des Tages lebst du, im Auf und Ab der Familie. Da gibt es mal Krach, da ist es aber auch sehr friedlich und schön.

Naama kommt oft zum Menschen und will ihn besitzen. Es kann für einen Augenblick, für eine Stunde, für ein Jahr, für ein ganzes Leben sein. Man weiß es nicht. Wir wissen aber, daß Gott in *jedem* Moment die Welt neu erschafft, daß die Momente der Zeit uns geschenkt sind zur Erneuerung. Jeden Moment kannst du von vorn anfangen. In jedem Moment kannst du mit etwas Schluß machen. Die Dauer, die Zeit, ist dir geschenkt, damit du wach sein kannst — Buddha bedeutet doch auch der»Wache« — und in jedem Moment die Welt neu aufblühen siehst.

Achte darauf, heißt es, wie die Frau dir im Traumbild erscheint. Siehst du sie in der Art einer

Hausfrau, könnte man sagen: Ada; siehst du sie als Filmstar, könnte man sagen: Zilla. In jedem Fall bedeutet es: Deine Sicht der Welt ist gespalten. Als wir von der Frau im Wesensbegriff der Mutter sprachen, gab es diese Spaltung nicht. Eine Mutter ist im Ganzen schön und anziehend und hat die Frucht. Im Leben kann man schon eine grausame oder lästige Mutter haben; das kann sehr unangenehm sein, aber gerade dann wird von dir die Auseinandersetzung gefordert. Mit deinem Leben stelle dann gleichsam die Frage, warum und wozu dir das begegnet, dann wirst du auch in deinem Leben Antwort erhalten. Es kann auch sein, daß dein Vater ein ganz exzentrischer Vernunftmensch ist, der nur auf Leistungen schaut, oder deine Kinder sind überhaupt nicht spontan, sondern sehr berechnend und eigenwillig. Habe mit allen, die dir nahe sind — mit deinen Nächsten —, die Auseinandersetzung. Dein Nächster bist du doch selbst; du projizierst dich im Nächsten, bist es aber selbst, denn es ist eine Einheit.

Wie du die Welt, die Frau, erlebst, ist *gestaltend* im Traum. Siehst du doppelt, dann ist es ein Zeichen dafür, daß ein Auge schwächer ist als das andere. Das Doppeltsehen will dir sagen: Einseitigkeit ist bei dir entstanden, du siehst zwei Gesichter. Die Spaltung Ada/Zilla entspricht zwei verschiedenen Augen. Das Wirkliche aber siehst du nur in der Einheit des ganzen Bildes.

Ich möchte jetzt zur Besprechung des Männlichen übergehen. Wir sahen schon, daß der Mensch als Kain *und* Abel ein ganzer ist. Beide Seiten hat er in sich. Die verborgene Seite, Abel, und die erscheinende Seite, Kain; Vernunft hat er und dasjenige, das ihn so gern unvernünftig werden läßt: Phantasie, den Glauben ans Märchen. Wenn ein Kind phantasiert, dann sagt man gleich: Es lügt. Warum? Ist Wahrheit etwas, das den Schemen der Vernunft entsprechen soll? Im Phantasieren kann — das hat auch Freud sehr gut erkannt — genau soviel Wahrheit stecken wie in vernünftigen Überlegungen. Inspiration *und* Rationalität — beide Seiten wirken im Menschen.

Wenn der Mann im Menschen die verborgene Seite ausschaltet — Abel tötet —, dann kommt das Kaingeschlecht hervor. Unruhe befällt den Menschen, er wird ein Getriebener. Es gibt auch die heilsame Unruhe; man sagt doch, der Priester bringe sie, der selbst unruhig ist. Diese Unruhe bewahrt dich vor der Erstarrung, bringt dir immer neue Bewegung. ›Bleib nicht stehen‹, sagt der Priester, ›es ist schön hier, aber jetzt gehen wir weiter. Du glaubst, wir seien schon am Ziel? Du ahnst ja gar nicht, welche Wunder dir noch begegnen werden.‹ Der Priester in dir bringt dich mit seiner Unruhe dazu, den Weg bis ins Allerheiligste zu gehen, jenseits des Vorhanges. Diese Unruhe kennt das Ziel, das dich erreichen will.

Kains Unruhe aber ist ziellos, ist die Unruhe der Verzweiflung. Sein Geschlecht bringt lauter »Spezialisten« hervor: Ein Städtebauer wird der eine, wandernder Viehhirt im Zelt der andere, ein dritter ist für das Musikmachen zuständig, der vierte Schmied und ein Bearbeiter von Eisen und Kupfer; die Tochter endlich verkörpert die Besessenheit — sei es von einem Beruf, einer Karriere, einer Wissenschaft. Es wird daher vom Menschen in seinem Männlichen erwartet, daß er es vermeidet, ein »Spezialist« zu werden. Natürlich soll er einen Beruf ausüben; aber als Mensch soll er sich für alles interessieren, in einer Totalität leben.

Lebe nicht nach der Devise: ›Das ist nicht mein Gebiet; ich kümmere mich nur um die Dinge, von denen ich etwas verstehe.‹ Damit zertrennst du die Beziehung, die dich gerade als Mensch auszeichnet. Überlasse die Politik nicht den Politikern, sondern sei selbst einer. Schaffe dir Begegnungen nicht vom Hals, indem du die Leute auf Spezialisten verweist. Der Mensch soll — heißt es im alten Wissen — sowohl im Verkehr mit anderen wie bei sich selbst immer die Sehnsucht nach dem Blick über alles haben und jede Einseitigkeit meiden. Von Jochanan, dem Schuster, erzählt die Überlieferung, er habe mit jedem Stich, mit dem er Sohle und Oberleder zusammennähte, Himmel und Erde verbunden. Er hatte einen Beruf, blieb aber ein Ganzer.

Das »Mische dich nicht in Sachen, wovon du nichts verstehst!« gilt als »guter Rat«. Ja, würde ich sagen, mische dich nicht hinein, indem du dich ärgerst oder Irritation bringst, aber mische dich sehr wohl hinein, indem du dich interessierst. Nimm die Beziehung zu allem auf, lasse nichts außerhalb und damit abgetrennt. Um eine *Beziehung* zur Kernphysik etwa zu bekommen, darfst du dich gerade nicht auf sie spezialisieren; und so gehts mit allen anderen Gebieten auch. Interessiere dich für die Inhalte und wohin sie führen.

Wie hast du den Mann im Traum gesehen? Wenn er einen Beruf repräsentierte, dann bedeutet es, du neigst zur Spezialisierung, der Mann in dir ist gespalten. Im Leben kann man auf viele Arten gespalten sein. Einer sagt z. B.: Ich bin nur Bibelforscher. Das ist sogar eine ganz grausame Spezialisierung, würde ich sagen. Ein anderer möchte nur Naturforscher oder nur Wirtschaftsfachmann oder nur Sozialpsychologe sein. Heute spricht man ja auch besonders gern jemandem die Kompetenz für andere Gebiete ab — dies vor allem auch sich selbst. Aus lauter Verzweiflung gibt man sein Menschsein auf.

Von einem Weisen wird gesagt, er kenne alle 70 Wissenschaften, alle 70 Sprachen. In unserer Zeit der Rekordsucht denkt man dann gleich an Sprachgenies — übrigens oft sehr beschränkte Leute. Die 70 Sprachen aber — damit ist gemeint:

Er versteht die Arten, wie alles sich äußert; versteht jeden Menschen, wie immer er sich gibt. Du sollst, heißt es, die Bereitschaft haben, jeden verstehen zu wollen, wie immer er auch zu dir spricht.

In früheren Zeiten hat man Menschen, die ein sehr einseitiges Gewerbe betrieben, oft direkt verabscheut. Den Scharfrichter zum Beispiel, der aufs Enthaupten, und den Henker, der aufs Hängen spezialisiert war. Man sah darin das Böse. Im Richter nicht, obwohl der doch das Urteil gesprochen hat. Im Gegenteil, der Richter wurde sogar sehr geachtet; von ihm erwartete man, daß er ein ganzer Mensch sei. Ihm galt der Respekt, nicht dem einseitigen Spezialisten. Heute ist es eher umgekehrt.

Ein Fürst, ein großer Herr hatte keinen Beruf, er saß in seiner Burg und überblickte alles. Damit soll nun nicht etwa angedeutet werden, daß ich das für eine gute soziale Struktur halte. Ich will aber andeuten, daß der Mensch seine Gesellschaft träumt. Tief im Menschen ist der Traum der Achtung vor dem Ganzen, dem Totalen. Und es gab Zeiten, wo das Leben und der Traum noch nahe verbunden waren. Wenn wir heute die Geschichten von den Königen früher und ganz früher Zeiten hören, glauben wir, es sei ein Märchen, ein Traum.

Heute gehört es zum guten Ton, daß ein König studiert, ein guter Sportler oder ein guter Manager ist oder sich als Wissenschaftler auszeichnet. Das ist eigentlich nicht mehr königlich. Das Bild des Königs zeigt doch das im Menschen, das über allem steht. Die Könige der alten Zeit wurden auch nie nach ihrer Leistung beurteilt. Man sah sie gleichsam wie im Traum.

Ein Herr im Traum ist eben nur einer, der alles hat. Wenn ein Mann im Traum als einer erscheint, der bestimmte Aufgaben zu erledigen hat, dann ist er nicht Herr. Wie auch einer, der ein schwarzes Gewand trägt und predigt, noch lange nicht Priester ist — im Traum wie im Leben. Priester ist er nur, wenn er dir Antworten auf *alle* Fragen gibt, die du je stellen könntest; als solcher Ruhepol könnte er dir auch im Traum erscheinen.

So wird gesagt: Siehst du einen Herrn, einen König, einen Priester im Traum, dann ist es gut. Du hast die Sehnsucht zur Totalität. Sind es Menschen, die dir in Berufen erscheinen, dann bist du selbst irgendwie degradiert, du hast eine Kain-Neigung. Das ist natürlich nie eine Festlegung für immer; in dem Moment bist du vielleicht so, im nächsten schon kannst du anders sein.

Sechsundzwanzigstes Kapitel

Königstraum und Sklaventraum · Knechtschaft und Erlösung · Gefangene befreien · Der Lehrer im Bild des Königs · Bringe alles wieder an seinen Ort! · Der Freie kann befreien · Knecht Gottes · Götzendiener · Vom Verlieren des Königtums · Sitzen auf dem Thron

In den Traumdeutungen des alten Wissens ist oft vom Königstraum und vom Sklaventraum die Rede. Was kann damit heute gemeint sein? Könige gibt es fast nicht mehr, Sklaven auch nicht. Daß man die Bibel nie wörtlich nehmen kann im Sinne des Konkreten, wie es uns in der Welt des Werdens geläufig ist, haben wir schon an vielen Beispielen gesehen. Wenn in der Überlieferung vom König gesprochen wird, dann ist nicht die Gesellschaftsform der Monarchie gemeint; und der Begriff des Sklaven in der Welt des Seins hat mit der Sklaverei, die wir aus der Geschichte kennen, fast gar nichts zu tun. Wären Königtum und Sklaventum nur einseitig Phänomene einer vergleichsweise primitiven Vergangenheit, dann könnte man sich allerdings zu Recht fragen, ob die Bibel den heutigen Menschen überhaupt noch interessieren kann.

Der Mensch, so erklären die alten Kommentare, ist im Stande des Königtums, wenn er sich frei fühlt und seine eigene Welt beherrscht. Betont wird immer: seine *eigene* Welt; sobald er andere beherrschen will, sagt man, ist er kein König mehr. Das Herrschenwollen außerhalb seiner wird als eine Erscheinung im Menschen erklärt, der sich selbst nicht mehr beherrscht und überblickt. Dann sucht er eine Art Königtum im Äußeren und draußen. Er muß dann irgendwen beherrschen, sei es seinen Angestellten, einen Patienten, einen Schüler, den eigenen Sohn oder die Tochter. Dieser Zwang entsteht, wenn nicht mehr das Gefühl da ist: ›Mit mir ist die ganze Welt, der andere ist Teil von mir, das Äußere hat Beziehung zu mir wie das Innere.‹

Mit dem Traum vom Königtum sind alle Arten Träume gemeint, die dir das Gefühl vom Herrschen einer Ruhe geben, ob dir das nun ein Mensch, eine Situation oder ein Geschehen gibt. Es ist der befreiende Traum, in dem du keine Angst vor den Dingen hast, weil alle Dinge mit dir sind; du hast das Gefühl, daß die Ruhe der Ordnung herrscht, oder daß dir diese Ruhe sehr nahe ist.

In der Überlieferung wird das Königtum der Welt — also der König, wie er sich hier im Konkreten darstellt — sogar ein wenig verspottet. Er muß sich hier, wird gesagt, wohl als König hervorheben, weil ihm so vieles fehlt; er sucht eine Art Bestätigung, damit er sich König nennen kann. So wird von den griechischen und römischen Herrschern gesprochen, aber auch von den jüdischen Königen der nachbiblischen Zeit. Jeder, der Herrschaft sucht, hat sie verloren; warum sonst sucht er sie? Hätte er sie über sich selbst, dann hätte er auch die Ruhe und gar kein Bedürfnis mehr nach der Maskerade mit Szepter und Krone.

Schon damals also, als Könige noch üblich waren, sah man den König in der Welt als unwichtig an. Mit Nebukadnezar — sagt die Überlieferung — hört das Königtum auf, er ist der letzte biblische König. Mit biblische Zeit ist die Zeit gemeint, während der der erste Tempel bestand; den zweiten Tempel sah man schon als eine Art Veräußerung, die Gebräuche wurden zwar noch eingehalten, aber der selbstverständliche Sinn fehlte.

Die Welt des ersten Tempels war unvergleichlich, heißt es, die Luft war sozusagen ganz anders. Nach Nebukadnezar war das Königtum eine Spielerei. Achaschwerosch z. B. nannte sich zwar König, war aber tatsächlich den Gesetzen unterworfen, über die er sich Herr glaubte. Und je weiter es geht in der Reihe der Könige, desto mehr lächelt man über die, die sich stolz König nennen lassen.

Im Gleichnis vom König wurde der Mensch im Bilde Gottes gesehen; seine göttliche Freiheit macht ihn zum König. Der Unfreie aber ist der Sklave; er handelt aus Zwang. Die Gründe, durch die der Mensch in Zwang kommen kann, sind sehr vielfältig. Durch Zwang wird man krank, bekommt

Zwangsvorstellungen — all das ist Ausdruck des Sklaventums.

In 2. Mose 21 ist vom »ewed iwri«, vom »hebräischen Sklaven« die Rede. Mit »iwri«, »hebräisch«, ist hier natürlich keine Zugehörigkeit zu einer Nation gemeint, sondern »der Mensch von Jenseits«, das Jenseitige im Menschen. Wann immer die Bibel von Israel spricht, bedeutet es die jenseitige Dimension, die unserer linearen Dimension als das ganz Andere gegenübersteht. Wenn ein »ewed iwri« da ist, wird gesagt, dann mußt du ihn erlösen; es ist deine Pflicht, ihn zu erlösen — vor allem erst einmal bei dir selbst, dann aber auch beim anderen, wenn du siehst, daß dessen Jenseits versklavt ist.

6 Jahre — heißt es in der Bibel — ist er Knecht seines Herrn, im 7-ten Jahr aber sei er frei. Das »7-te Jahr« bedeutet, wie wir wissen, den Weg des Menschen; unsere Welt, das ist der 7-te Tag. Frei also wird er, sobald der Mensch die Entwicklung auf ein Ziel hin spürt, sobald er den Weg geht. Weiß man aber nicht, wohin es geht, kann auch keine Befreiung sein. Die Erlösung im Grunde ist der Auszug aus Ägypten, wenn der Weg beginnt, die Entwicklung zum Ziel ihren Anfang nimmt. Das ist es, was man das 7-te nennt.

Will der Knecht aber im 7-ten Jahr nicht befreit werden, sondern weiter dienen, weil es ihm so gefällt, dann — sagt die Überlieferung — bleibe er

7 mal 7 Jahre Knecht. Es bedeutet, daß er dann die Knechtschaft, die Abhängigkeit sehr tief erlebt. Es ist im Menschen das Gefühl nicht endenwollender Irritation, eines ständigen Ärgers, eines fortwährenden Unsympathisch-findens und dergleichen Reaktionen mehr. Er ist dann 7 mal 7, also 49 Jahre — die *volle* 7 — Knecht; im 50. Jahr aber geschieht die Befreiung, ob er will oder nicht.

Dann kehrt alles an seinen Ort zurück. Dann ereignet sich etwas vom Jenseits dieser Welt, vom Jenseits des Weges, vom Jenseits unserer Dimension her, wodurch der Mensch *überhaupt* frei ist — es geht gar nicht anders.

Die Bibel drückt die Knechtschaft der 7 mal 7 in einem Bild aus, das ich an anderer Stelle von seinen Begriffen her erläutert habe*: Der Herr führe den Knecht zur Tür und durchbohre dort dessen Ohr mit einem Pfriem (Nadel). Das bedeutet in der Entsprechung hier: Solange die Zeit im Ausdruck des Materiellen existiert, bist du tatsächlich Sklave. Einmal aber wirst du es los sein, denn du bist im Bilde Gottes erschaffen, und das Bild Gottes kann nicht Sklave sein. Nur in der linearen Zeit kannst du glauben, daß du abhängig bist. Als Mensch im Willen Gottes aber bist du schon immer frei.

Jeden Menschen, heißt es, muß man dort, wo

* Siehe F. Weinreb, »Der göttliche Bauplan der Welt«, Zürich 1965, S. 103 f.

er gefangen, im Zwang ist, freikaufen. Man muß also tasächlich etwas opfern; und das heißt auch, du mußt in dir jenes, durch das er freikommt, erwerben. Nach der Überlieferung war es Brauch, daß ein Lehrer, der einen Schüler annahm, das Versprechen gab: »Ich werde dich in die Freiheit führen.« Der Schüler also ist noch nicht frei, er braucht noch den Lehrer. Das Versprechen des Lehrers aber bedeutet: Niemals darf man einen Schüler in Abhängigkeit halten; der Schüler muß frei und selbständig werden. Ein Lehrer taugt nur, wenn er den Schüler freimacht, und wenn das Verhältnis Lehrer/Schüler nicht eines der Abhängigkeit, sondern eines Von-gleich-zu-gleich ist. Lehrer sein bedeutet eben: Den Schüler, der noch Knecht ist, »freizukaufen«. Der »Erwerb« aber, der den Lehrer dazu instandsetzt — ihn allererst zum Lehrer macht —, ist die Verbindung zur anderen Dimension: Das Andere spricht aus ihm, durch ihn.

Die Erlösung kommt vom ganz Anderen her. Einen Gefangenen kann man nicht als einer, der selbst in Gefangenschaft befangen ist, befreien; etwas Anderes muß dazukommen. Im alten Wissen wird gesagt: Einen Gefangenen kannst du nur aus deiner Freiheit heraus befreien. Dazu mußt du vollkommene Ruhe bei dir haben. Ruhe hat einer, den keine Sorgen drücken, heißt es. Damit ist nicht gesagt, daß er keine Sorgen hat — die

Welt sorgt schon dafür, daß er genügend hat — aber sie *drücken* ihn nicht, er erträgt sie.

Weiter heißt es, daß das Wort eines Lehrers flüssig, geläufig sein müsse; gemeint ist damit das freie Sprechen. Ich habe mich oft gewundert, daß fast alle Leute ablesen müssen, was sie zu sagen haben. Wo bleibt da das Sprechen? Hat man Angst, die zweite Hälfte des Satzes nicht zu finden? Wie kann beim Ablesen eines Manuskriptes der überraschende — und deshalb so wichtige — Einfall durchkommen?

Im Bild des Königs erkennt man auch den Lehrer: Er ist frei, spricht frei, hat Ruhe, Sorgen drükken ihn nicht — deshalb kann er frei machen. Vor allem aber sucht er keine Herrschaft außerhalb. Nach außen vielmehr herrscht — wie es Jesus auch vorlebt — Sanftmut, Güte, ein selbstverständliches Dasein, ohne sich aufzudrängen. Deshalb entsteht ja auch der Konflikt mit den Jüngern, die ihn zum König des Außen machen wollen; vor allem Judas möchte, daß er König von Israel werde, damit man es den Römern einmal zeigen könne.

Den König ersehnen in der Erwartung, daß er gehörig herrsche und beherrsche — das ist es, was man in heutiger Terminologie die masochistische Neigung nennt: Man möchte *beherrscht werden*. Man braucht jemand, der befiehlt, damit man sich unterwerfen kann. Das kann so weit gehen, daß man Freude am Unterdrückt- oder sogar Geschlagenwerden empfindet. Aber schon eine servile Mentalität könnte man als Sklaven-Krankheit bezeichnen. Eifrig bemüht man sich darum, ja allen Vorschriften der Kleidung und des Zeremoniells gerecht zu werden, um »bei Hofe« erscheinen zu dürfen.

Solche Haltungen entsprechen dem Bild des Sklaven, der im 7-ten Jahr nicht freigelassen werden will, obwohl ihm gezeigt wird: Da ist ein Weg unter *deinem* Namen, gehe ihn!; dein Name ist doch kein Zufall, keine Willkür. Er ist dir geschickt worden, er ist dein Schicksal von der anderen Dimension her.

Die Unfreiheit im Menschen besteht darin, daß er nicht glauben kann, daß er im Bilde Gottes ist. Er leidet, es tut ihm leid, das Leiden ist seine Krankheit. Von der Krankheit aber heißt es, sie sei wie eine Rebellion, die in einer Provinz deines Reiches ausbricht; schicke deine Armee hin, die Heerscharen, damit sie den Aufstand niederschlagen! Das ist die Art eines königlichen Menschen.

In der Bibel wird auch vom »ewed kanaani«, vom kanaanitischen Sklaven gesprochen. Der, heißt es, ist *für immer* Sklave. Das Kanaanitische ist es, was aus der Welt dir zu beherrschen gegeben wurde. Du sollst es beherrschen, indem du eine Beziehung zu ihm hast. Die ganze Welt um dich herum — Steine, Pflanzen, Tiere —: Du sollst über allem ohne Ausnahme sein, nur dann hat alles seinen Ort. Wenn es seinen Ort hat, den »makom« — das aber ist auch einer der Namen Gottes —, dann herrscht Harmonie, in der jede Farbe, jede Größe und alles in Ordnung ist.

Dann ist die ganze Welt wie ein Kristall: in prachtvoller Harmonie. Photographien von mikroskopischen Vergrößerungen der Kristalle machen uns staunen, welche Ordnung, Schönheit und Harmonie selbst im winzigsten Detail sichtbar werden! Ordnung bedeutet: Es ist eine Art Zwang vorhanden, der alles an seinem Ort hält. Das auch begibt sich, wenn du dich mit der Welt um dich herum verbunden fühlst. Dann »besitzt« du die Welt, weil du alles an seinem Ort läßt. Sei nicht grausam zu Tieren, zerstöre keine Pflanzen, achte, was dir begegnet, denn *alles* gehört doch zu dir.

Dein Reich, heißt es, habe Ordnung. Als König achte darauf, daß es rein sei, daß Gerechtigkeit in ihm herrsche. König Salomo, der Sohn Davids, habe — wird gesagt — die Sprache der Tiere und Pflanzen verstanden. Tiere und Pflanzen seien darüber so glücklich gewesen, daß der Duft und Wohlgeruch im ganzen Reich unvorstellbar schön gewesen sei. In den Psalmen ist davon die Rede, daß »die Ströme in die Hände klatschen«, das »Feld jubelt« und die »Bäume des Waldes jauchzen«. Es geschieht, weil alles so gern beim Menschen ist, Teil haben will am Menschlichen.

Der Mensch selbst enthält doch auch das Mineralische, das Pflanzliche und das Tierische; all das — nicht im Bilde Gottes seiend — wird der »kanaanitische Sklave« genannt; durch den Menschen aber, durch seine Vollkommenheit, durch sein Königtum gehört es zum Bilde Gottes. Sobald du es aus seinem Ort fallen läßt, wird es teuflisch. Der Satan wird der Engel genannt, der seinen Ort verlassen hat; nun irrt er herum. Bringe ihn an seinen Ort, dann ist die Harmonie wiederhergestellt.

Verhelfe allem zu seinem Ort. Es soll in Übereinstimmung mit seinem Namen sein, daß es im eigenen Namen den Weg gehe, und nicht im Namen eines anderen gehen muß. Daher soll man auch nie einen Menschen so beeinflussen, daß er den Weg des Beeinflussers geht. Man kann den anderen durchs eigene Leben mit seinen Erregungen und seiner Unruhe zum Weg stimulieren; gehen aber muß ihn der andere selbst, so wie *er* ist.

Es besteht die Weisung, den Unfreien zu erlösen. Kranke sind unfrei, Gefangene sind unfrei. Alles, heißt es, mußt du tun, um den Gefangenen zu befreien, alles andere kommt später. Die alten Geschichten erzählen von den Weisen, die, wenn sie in eine Stadt kommen, als erstes fragen: Gibt es hier Gefangene zu befreien? Gemeint sind damit — erklären die Kommentare — Menschen, die unter irgendeinem Zwang leben, dem Zwang einer Sekte, einer Einbildung, einer Neurose oder was für Zwangsmöglichkeiten es noch geben mag.

Komme aber, wird betont, niemals zum Gefangenen mit der Dimension der Gefangenschaft; es würde bedeuten, daß du ihm unköniglich gegenübertrittst, dich selbst als Gefangenen zu erkennen gibst. In der Heilkunde des alten Wissens wird oft von den »griechischen Ärzten« gesprochen. Diese, heißt es, nähern sich dem Kranken mit allerlei Kräutern und Instrumenten; so aber sollte man, wenn man erlösen will, sich dem Kranken gegenüber eben nicht verhalten. Ein Arzt, der so vorgehe, zeige damit nur, daß er selbst ein Gefangener ist. Er sollte aber aus seiner königlichen Ruhe, seiner Würde, die von der anderen Dimension herrührt, heilen können: durch sein Sein.

Nur als Freier kannst du dem Gefangenen aus deiner Freiheit die Freiheit erkaufen. Ein Sklave, wird gesagt, kann einen Sklaven nicht befreien. Fühlst du dich nach einem Traum beim Erwachen gedrückt, unwohl, nicht in Ordnung, dann — sagt man — warst du ein Gefangener im Traum. Du erlebtest Gefühle, die dir jetzt, beim Erwachen, eine unbefriedigende Empfindung geben. Du hattest Unlust, denn ein Sklave kann keine Freude haben; er kann zwar lärmen und dabei einen Spaß haben, aber freuen kann er sich nicht.

Hier sind, wie bei allen Traumdeutungen, wieder die zwei Möglichkeiten zu beachten. Es kann sein, du träumst vom Sklaven, weil du im Tagleben ein Freier bist, ein Herr; da das *ganze* Leben aber keine Einseitigkeit duldet, meldet sich der Sklave im Traum. Oder du bist im Wachen in Gefangenschaft, und dein Wesen sagt dir im Traum: Ich leide darunter. Von einem, der einen Traum deuten will, wird unbedingt verlangt, daß er den Menschen, dem er deutet, kennt. Nur wenn er weiß, ob der ein Freier oder Gefangener im Leben ist, kann er ihm die Deutung geben.

Der Königstraum gibt ein herrliches Gefühl der Freiheit und des Wohlseins beim Erwachen. Du beherrschst die Dinge, bewegst dich frei, fühlst dich nach allen Seiten hin ruhig und fähig. Auch hier kann es einer träumen, der im Leben schrecklich gefangen ist; da kommt ihm der Traum wie eine Herausforderung: Bitte, so solltest du als Mensch sein, so frei und herrschend! Oder aber er träumt seine Herrschaft wie eine Art Bestätigung.

Im Begriff des »ewed« erscheint aber auch der »Knecht Gottes«, wie die übliche Übersetzung lautet. Hier bedeutet Knecht: Er tut, was der Herr tut. Der Knecht Gottes tut dann also, was Gott tun müßte, *hier* aber nur durch seinen Knecht tun kann. Der Herr steht in der Welt des Seins und schickt seinen Knecht in die Welt des Werdens. Der Mensch *hier* ist Knecht dessen, was in der Welt des Seins Herr ist.

In unserer konkreten Welt des Raums und der Zeit kannst du nie überblicken, was du tust. Du tust aufgrund dessen, was du im Moment siehst oder was deine Erfahrung aus früheren Situationen dir zu tun eingibt. Es ist auch nicht zu übersehen, was andere denken. Unser Tun also, insofern es auf Erfahrung, Berechnung und Planung beruht, ist ein sehr beschränktes Tun mit sehr beschränkter Wirkung. Wir wissen das im Grunde und es versetzt uns in Unruhe. — Knecht Gottes aber bedeutet: Du spürst, daß dein Tun ein Es-tut-sich ist. Du kannst dein Tun nicht begründen, du weißt nur, etwas anderes bringt dich dazu zu tun.

Der hebräische Ausdruck für »Götzendiener« enthält ebenfalls den Begriff »ewed«, Knecht. Was ist ein Götze? All das, was beim Menschen erstarrt; das Fließende hört auf, der Mensch kann sich von der Erinnerung nicht lösen, sie übt Zwang auf ihn aus. »Awoda sara«, »Knechtschaft des Fremden« — aber »sara« heißt nicht nur »fremd«, sondern »ser«, die männliche Form von »sara«, bedeutet auch »dasjenige, was etwas umkreist«. Alles, was umringt, also das äußere Umkreisende ist »ser«. Götzendienst ist demnach ein Dem-Erscheinen-Dienen. So gefangen ahnst du gar nicht, willst aus Verzweiflung gar nicht wissen, woher das Äußere kommt, wodurch es entstanden ist.

Der Frage nach dem Anfang weicht man aus, weil man glaubt, es gäbe doch keine Antwort. Man läßt — und darin äußert sich auch Verzweiflung — die Frage Frage bleiben. So äußert sich das

Vom-Götzen-Gelenktwerden, vom äußeren Erstarrten, vom Bild; dabei *bleibend*, bleibst du auch diesem dienend. Es kann sein, daß du einer gescheiten Erklärung vom Sinn der Welt Glauben schenkst; wenn du in der einmal gefaßten Überzeugung aber *stehenbleibst*, dann wirds zum Bild bei dir.

Gewiß, du kannst, du sollst begeistert und entflammt sein, wenn du eine Einsicht erlebst. Es kann dir für Tage oder für Wochen, ja, für Jahre etwas Gewaltiges sein. Bedenke aber, was bei der Wüstenwanderung erzählt wird: Die Feuersäule steigt über die Wohnung Gottes auf und gibt damit das Zeichen zum Weiterziehen; das Haus Gottes wird abgerissen, zusammengelegt, und jeder vom Stamm Levi trägt eines der Teile weiter mit auf der Wanderung, bis zur nächsten Station, wo ganz andere Verhältnisse herrschen. Würdest du bleiben — wird gesagt —, wo du bist, ginge die Welt in Erstarrung unter.

Es gibt doch die 42 Stationen auf dem Weg, wie bei Matthäus die 42 Generationen bis zum Erlöser aufgezählt werden. Kann man etwa bei der 30. Generation sagen: »Jetzt haben wir einmal Glück erfahren, das genügt?« Nein, wird gesagt, da kann nie Erlösung kommen, es soll weitergehen. Im Weitergehen kommt das vollkommene Gelöst-sein; die Gefangenschaft, ja sogar die Möglichkeit der Gefangenschaft, verschwindet vollkommen. Das

Wohnen im Gelobten Land bedeutet: Es gibt keine Angst vor einer Invasion mehr, es gibt keine Krankheiten, keine Verbrechen, keinen Tod; es ist ein Wohnen in der Welt der Freiheit.

Wenn du auf dem Weg stehenbleibst und erstarrst, dann ist das, was du tust, eine Folge dessen, was jenseits für dich erstarrt ist. Dann dienst du dem Erstarrten. Das bestimmt auch dein ganzes Verhalten. Gewisse Organe werden nicht mehr funktionieren, gewisse Wellenlängen erreichen dich nicht. Du hörst zwar zu, *vernimmst* aber nicht. Etwas ist bei dir dann verschlossen. Man kann es an Menschen sehen, die sehr einseitig fixiert sind, z. B. auf Politik, Sport oder Technik; die finden alles andere langweilig, hören gar nicht richtig zu, *wollen* gar nicht hören.

Nur beim »ewed elohim«, beim Knecht Gottes, gibt es ein Dienen in Freiheit. Wie der Vater frei ist, ist sein Knecht frei; wie der Vater König ist, bist du König hier, der Verwalter dieser Welt. Der Erlöser wird bei Jesaja »ewed elohim« genannt; er ist es, der *hier* vollkommen frei tut, was der Herr *dort* sagt; sein Tun gelingt.

Knechtschaft als Gefangenschaft aber bedeutet Haften an Menschen, an Dingen, an Ideen, an Erlebnissen. Ein Erlebnis z. B. kann dich auch knechten. Es war vielleicht so intensiv, daß du glaubst, dich davon nicht mehr lösen zu können; du bist dem dann verhaftet. In der heutigen Psychologie redet man gern vom Schock, der weiterwirkt, weil man sich nicht davon lösen kann, nicht darüber hinwegkommt. — Du sollst aber, heißt es, freigekauft werden, weitergehen. Du kannst einfach nicht Knecht bleiben, weil sonst alle deine Handlungen unter Zwang kämen und du dich niemals freuen könntest. Freude aber spürst du, wenn du — vielleicht auch nur für den Bruchteil eines Momentes — die königliche Freiheit erfährst.

Der König sitzt auf dem Thron — es bedeutet: Er hat die Ruhe. Nichts muß von ihm gemacht, bewirkt, geleistet werden. Der König ruht — in diesem Bild erscheint der Ruhetag, der Sabbat. Ruhe meint: Zurückkehren zum Ursprung. Wenn du träumst, daß du sitzt, um dich herum aber getan wird, dann spricht man vom Königstraum. Spürst du im Traum aber, daß alles in Bewegung ist, in Eile, auf Treppen, in Straßen, im Bahnhof — dann herrscht Gefangenschaft und Versklavung.

Zwar endet die Gefangenschaft in Ägypten mit dem Auszug; am Ziel aber ist die Erlösung erst mit dem Einzug ins Gelobte Land. Auf dem Weg durch die Wüste lebst du im Paradox. Manchmal sehnst du dich zurück in die Gefangenschaft; dann herrscht das schläfrige Gefühl: ›Ich bin nichts, was kann ich schon tun?, alles wird schon irgendwie sich regeln.‹ Manchmal sehnst du dich nach endgültiger Befreiung und erlebst die Freude *allseitiger* Beziehungsmöglichkeiten. Das wechselt ständig auf dem Weg. Möchtest du wirklich befreit sein oder gefällt dir das Leben im Raum besser?

Man sagt daher: Versuche nie Pseudo-Erlösung zu erlangen oder ein Pseudo-Königtum, indem du dich einem Rausch hingibst. Es können Alkohol und Drogen sein, aber auch das Verlangen nach Macht, das zähe Festhalten am Aufbau einer Karriere oder die Jagd nach Lust. Wenn du aus dem Rausch erwachst, kommt die Enttäuschung: Es war gar keine Wirklichkeit, es war nur Rausch-Spiel.

Vielleicht kennen Sie die Szene in Brechts Stück »Leben des Galilei«, in welcher der Papst Gewand um Gewand seines prachtvollen Ornats ablegt und dann — in Hemd und Hose — zur Einsicht kommt, daß er jetzt eigentlich erst er selbst sein könne. Er spürt, daß der Ornat ihn zum Schauspieler macht. Wenn er damit bekleidet ist, erhält er eine Würde, als ob dann alles wirklich wäre; er spürt aber, daß das eine Täuschung ist.

Alle sogenannten Perversitäten sind, glaube ich, Zeichen der Knechtschaft. Loswerden kann man sie nur, indem man den Menschen aus der Gefangenschaft zum Königtum führt. Ein alter Midrasch erzählt, daß der Mensch bei seiner Erschaffung das »parzuph« Gottes erhielt; »parzuph« ist das aramäische Wort für Antlitz, Gesicht. Gott, sagt man, hat »parzuphim«, viele Antlitze. Der Mensch also war bei seiner Erschaffung König; im Grunde ist er als Freier geschaffen. Dort aber, wo er vom Baum der Erkenntnis nimmt, wo er der alles erklärenwollenden Vernunft verfällt, verliert er, wie es heißt, sein Königtum.

Plötzlich beginnen die Tiere ihn anzugreifen, sie werden »wilde Tiere«, wie gesagt wird. Plötzlich muß er sich vor Löwen, Tigern und Schlangen fürchten. Gefahr droht ihm von allen Seiten. Zu Beginn redet die Schlange noch mit ihm, aber nach dem Nehmen der Frucht greift sie ihn an. Alles greift ihn boshaft an, weil er nicht mehr König ist. Es bedeutet: Bei sich selbst beherrscht er nicht mehr die verschiedenen Organe, die Aspekte, die zu ihm gehören. Das ist die Wildheit in der Natur.

Wo Jesaja vom Messias spricht, gibt er auch das Bild von Wolf und Lamm, die einträchtig nebeneinander weiden. Es will sagen: Erlösung bedeutet, daß dann auch kein Tier mehr das andere zerreißt. Wildheit und Grausamkeit melden: Du bist nicht mehr König, dein Reich erkennt dich nicht mehr an. Deine Untertanen — in der Entsprechung die Kanaaniter —, die Tiere und alle Naturgewalten besetzen das Land. Dich, den Besitzer, haben sie hinausgetrieben.

Wenn du also beginnst, die Dinge zu erklären und mit Vernunft zu planen — die andere Dimension aber bei dir nicht wirkt —, dann bist du Knecht. Die Vernunft, da sie höchstens momentan das Umgebende übersehen kann, vermag weder

Lösung noch Erlösung zu bringen. Sie könnte aber die Einsicht erreichen: Ich *glaube,* ich habe Vertrauen in eine andere Dimension bei mir, ich öffne mich ihr und lasse sie wirken. Dann bist du König, und die Vernunft ordnet sich dem Anderen ein.

Als erstes, heißt es deshalb, sollst du den Baum, der auch schon Frucht *ist* — den Wein beim Sabbat —, zu dir nehmen, damit du auch den Baum, der Frucht *macht,* das Werden, schon in dir hast; beides in einem mußt du haben, beginnen aber sollst du mit der Dimension, die für dich entscheidend ist, die dein Königtum zeigt. Dann kannst du auch das Werden beherrschen.

Wenn du in der anderen Dimension lebst, sollst du deine Vernunft einschalten, denn dann wird dir klar, wie das Andere in deiner Vernunft wirkt. Mit anderen Worten: Die Antwort, das Resultat, wird dir zuerst gegeben, dann kannst du die Lösung berechnen, herausfinden, wie es zur Antwort kommt. Die Freude ist: Du kennst die Antwort und kannst zu ihr hinarbeiten, hinwirken. Du weißt, wie du es finden kannst, und dann entdeckst du die große Harmonie, das Mosaik, in dem alle Splitter sich wieder zusammenfügen. Suchst du aber das Zusammenstimmende in der Vernunft zu finden, durch die Vernunft zu erreichen, dann gehst du in der Vielfalt verloren, wirst niemals verstehen können, was der Sinn des Ganzen ist.

Beim Auszug aus Ägypten, bei der Befreiung

von der Knechtschaft, hat sich das Volk gefreut, wie berichtet wird. Wie ist das zu verstehen? Wenn bei uns ein Befreiungstag gefeiert wird, dann ist schulfrei, es gibt ergreifende Reden, vielleicht eine schöne Militärparade —, die Sorgen aber gehen weiter, der Krach zu Hause hört nicht auf, Krankheiten gibt es danach wie davor. Das ist keine Befreiung, das ist nur ein Schauspiel. »Das Volk freut sich« aber meint: *Jeder einzelne* hat den inneren Frieden, die Befreiung bei sich selbst, jeder ist König.

Heute sehen wir, daß man immer versucht, die Befreiung ins Äußere zu projizieren. Man kämpft für den Sieg einer politischen Partei, eines sozialen Programms, eines Fußballclubs, für den Frieden usw. Ständig ist man aufgeregt, weil die Befreiung ins Außerhalb verlegt und von Außen erwartet wird. Da kann der Kampf für eine Befreiung in Wirklichkeit ein immer tieferes Versinken in der Knechtschaft des Äußeren bedeuten.

Die aufgeregte und ziellose Unruhe im Traum meldet uns Knechtschaft; die Gefangenschaft drückt sich aber auch im Leben aus, wo es sich doch auch mit uns tut, in einer Art Tagtraum, während wir fest daran glauben, sehr bewußt und überlegt zu handeln. Es tut sich bei uns am Tag dann eben in Knechtschaft, in Unruhe. Das viele Dahin- und Dorthin-reisen, das Gehetzte, das ständige Gefühl, jetzt müsse man sich aber wirklich einmal Zeit nehmen! Es ist doch ganz unwichtig, wo du wohnst, in welchen Umständen du lebst, was für ein Typ du bist — wenn du als Mensch nur König, im Bilde Gottes bist, in der Ruhe des Sitzens auf dem Thron!

Ich hoffe, die Besprechung der Bilder vom König und vom Sklaven hat erneut klar werden lassen, daß Traumdeutung eine Selbst-Begegnung ist. Was du im Wachen kennst, lernst du im Traum noch viel tiefer kennen. Man könnte sagen, daß es darum geht, die Träume hinein ins Leben zu deuten, dann spielt sich das Leben gleichsam biblisch ab. Von daher erzählt ein Traum die Deutung für die *ganze* Wirklichkeit des Lebens.

Anhang

Schema zum zwanzigsten Kapitel

Kether Bina Chochma Da-at	Jenseits der Schöpfung
2 Gewura 1 Chessed 3 Tiferet 5 Hod 4 Nezach 6 Jesod 7 Malchut	Schöpfung
(8) Kether Malchut	Jenseits der Zeit. Der Ur-Anfang Kether wird mit dem Ende, Malchut, verbunden.

Schema zum einundzwanzigsten Kapitel

2 Gewura — Kraft, Gesetz Isaak	1 Chessed — Liebe, Güte, Gnade Abraham

3
Tiferet — Schönheit, Harmonie
Jakob/Esau

5 Hod — Lob, Form- werdung Aaron	4 Nezach — Sieg Mose

6
Jesod — Fundament
Joseph

7
Malchut — Reich
David